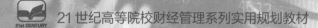

21世纪高等院校财经管理系列实用规划教材

FINANCE

Guidance of Teaching and learning for National Finance

国家金融学
教与学辅导指南

陈云贤　/ 著

北京大学出版社

PEKING UNIVERSITY PRESS

图书在版编目(CIP)数据

国家金融学教与学辅导指南/陈云贤著. —北京：北京大学出版社，2021.4

21世纪高等院校财经管理系列实用规划教材

ISBN 978-7-301-32119-5

Ⅰ.①国… Ⅱ.①陈… Ⅲ.①金融学—高等学校—教学参考资料 Ⅳ.①F830

中国版本图书馆CIP数据核字(2021)第059585号

书　　　　名	国家金融学教与学辅导指南 GUOJIA JINRONGXUE JIAOYUXUE FUDAO ZHINAN
著作责任者	陈云贤　著
策 划 编 辑	王显超
责 任 编 辑	翟　源
标 准 书 号	ISBN 978-7-301-32119-5
出 版 发 行	北京大学出版社
地　　　　址	北京市海淀区成府路205号　100871
网　　　　址	http://www.pup.cn　新浪微博：@北京大学出版社
电 子 信 箱	pup_6@163.com
电　　　　话	邮购部 010-62752015　发行部 010-62750672　编辑部 010-62750667
印 刷 者	三河市北燕印装有限公司
经 销 者	新华书店
	730毫米×1020毫米　16开本　8.25印张　152千字 2021年4月第1版　2021年4月第1次印刷
定　　　　价	32.00元

未经许可，不得以任何方式复制或抄袭本书之部分或全部内容。
版权所有，侵权必究
举报电话：010-62752024　电子信箱：fd@pup.pku.edu.cn
图书如有印装质量问题，请与出版部联系，电话：010-62756370

教学目的与要求

国家金融学是金融学科体系中的重要组成部分。通过比较国际金融学和公司金融学，使学生了解并掌握国家金融学的相关知识。国家金融学以现代金融体系条件下的世界各国国家金融行为属性为研究对象，以探讨一国金融发展中最核心且最紧迫的问题为导向，研究政策，采取措施，促进一国金融健康稳定，推动一国经济繁荣发展。

中国在国家金融层面应该怎么做，财政政策与货币政策如何协调；是否需要强势人民币国策；金融发展如何在规则下促竞争、稳定中求发展；中国拥有现行世界金融监管框架的最优模式，如何发挥作用；如何发展金融科技；人民币国际化如何"弯道超车"；金融如何服务实体经济、防范金融风险；在国际金融体系改革中如何提出、推动、实施"中国方案"，等等，是中国国家金融行为取向中需要解决的问题，也是国家金融学需要现实面对和深化研究的课题。

资源索引

目 录

第一章 概论 ··· 3

- 一、国家金融理论滞后实践发展 ··· 3
- 二、国家金融人才奇缺 ··· 5
- 三、金融学需要细分 ·· 11
- 四、国家金融学的研究对象 ·· 12
- 五、国家金融学的现在与未来 ··· 13
- 六、本章要点与思考题 ··· 13

第二章 国家金融顶层布局 ··· 15

- 一、国家金融定位 ··· 15
- 二、国家金融政策 ··· 16
- 三、国家金融发展 ··· 18
- 四、建立国家金融顶层布局机构 ·· 18
- 五、本章要点与思考题 ··· 18

第三章 国家金融监管协调 ··· 20

- 一、美国金融监管体系 ··· 20
- 二、英国金融监管体系 ··· 21

三、欧盟金融监管体系 ································· 22

四、中国金融监管体系 ································· 24

五、本章要点与思考题 ································· 28

第四章　国家金融层级发展 ································· 29

一、国家与地方金融发展 ································· 29

二、国家与地方金融发展路径之一："金融自由化"国家不稳 ································· 34

三、国家与地方金融发展路径之二："金融压抑"地方不活 ································· 37

四、国家与地方金融发展路径之三：规则下促竞争、稳定中求发展 ································· 38

五、本章要点与思考题 ································· 40

第五章　国家金融内外联动 ································· 42

一、现代金融体系的国际化演进 ································· 42

二、美国、日本是如何解决离岸、在岸市场对接的 ································· 44

三、离岸、在岸市场对接模式分析 ································· 46

四、中国粤港澳大湾区建设的难点与突破点 ································· 48

五、本章要点与思考题 ································· 51

第六章　国家金融弯道超车 ································· 52

一、一国货币成为国际货币的基本路径 ································· 52

二、案例1：煤炭—英镑 ································· 59

三、案例2：石油—美元 ································· 60

四、"碳交易—人民币结算"路径探讨 ································· 61

五、本章要点与思考题 ································· 72

第七章　国家金融科技创新 ································· 73

一、网络金融发展概况 ································· 73

二、数字货币发展概况 ····································· 76

三、金融科技对现代金融体系的冲击 ····················· 84

四、中国金融科技发展的机遇与挑战 ····················· 87

五、本章要点与思考题 ···································· 89

第八章　国家金融风险防范 ································· 91

一、金融危机的含义、类型 ······························ 91

二、世界重大金融危机回顾 ······························ 93

三、美国金融危机处置方式 ······························ 104

四、把金融发展建立在金融稳定"磐石"上 ················ 107

五、本章要点与思考题 ···································· 107

第九章　国家金融国际参与 ································· 109

一、国家金融学体系 ······································ 109

二、国际金融学体系 ······································ 110

三、国际金融体系现状 ···································· 111

四、国际金融体系改革发展 ······························ 117

五、本章要点与思考题 ···································· 119

第十章　中国金融发展需要解决的八大问题 ················· 120

一、中国金融顶层布局政策探讨 ························· 120

二、中国金融监管协调措施探讨 ························· 120

三、中国金融层级发展规则探讨 ························· 120

四、中国金融内外联动模式探讨 ························· 120

五、中国金融弯道超车路径探讨 ························· 120

六、中国金融科技创新趋势探讨 ························· 120

七、中国金融风险防范方式探讨 ·· 121

八、中国金融国际参与方案探讨 ·· 121

九、本章要点与思考题 ·· 121

教学注意事项 ·· 122

教学课时分配表 ·· 123

教学内容

第一章

概 论

一、国家金融理论滞后实践发展

(一)美国资产重组托管公司与中国四大资产管理公司

1. 美国资产重组托管公司(Resolution Trust Corporation,RTC)

1989年8月,根据《金融机构改革、复兴和实施法案》(FIRREA)设立的美国资产重组托管公司,主要职能是重组清理破产储贷协会(Savings and Loan Associations,S&L)的所有资产和负债,1995年年底关闭,相应职能及未尽事项移交给联邦存款保险公司(Federal Deposit Insurance Corporation,FDIC)处理。

2. 中国四大资产管理公司

(1) 中国华融资产管理公司,1999年设立。

(2) 中国长城资产管理公司,1999年设立。

(3) 中国信达资产管理公司,1999年设立。

(4) 中国东方资产管理公司,1999年设立。

这种在美国、中国等国实践中都存在的典型国家金融行为,目前理论界对其研究主要侧重于技术手段分析层面,缺乏从国家金融发展路径层面对其进行系统性的总结与探研。

(二)沃尔克法则与金融风险防范

1. 沃尔克法则（Volcker Rule）

宣布时间：2010 年 1 月 21 日。

提出背景：美国双层多头金融监管体系，混业经营和分业监管的错配。

主要内容包括：

(1) 限制商业银行的规模（例如，规定单一金融机构在储蓄存款上所占份额不得超过 10%）；

(2) 限制银行利用自身资本进行自营交易（银行只能用一级资本的 3% 投资对冲基金和私募基金）；

(3) 限制银行拥有或资助对私募基金和对冲基金的投资（银行在每只基金中的投资资金不超过该只募集资本比例的 3%）等。

2. 金融风险防范

学界对沃尔克法则的研究或借鉴，多数也停留在防范金融风险的技术手段分析上，而忽略了其背后关乎一国金融监管模式的选择和国家金融发展方向的问题。

(三)商业银行与投资银行

本源上，商业银行是存贷款银行，投资银行是证券承销商。

功能上，商业银行行使间接融资职能，投资银行行使直接融资职能。

收益上，商业银行首先来自存贷差，投资银行首先来自佣金。

业务上，商业银行主要是资产负债业务，投资银行无明显资产负债管理特征。

管理上，商业银行的管理轴心是资产负债管理理论，投资银行的管理轴心是风险收益对应论。

它涉及国家金融监管根据不同特点做出不同行为选择的问题，该问题仍然是理论上需要深化的课题。

二、国家金融人才奇缺

第一,从实际情况来看,国内外金融学专业的师生多数着眼于对微观金融的研究与学习;第二,诺贝尔经济学奖得主的主要研究领域集中在微观金融领域;第三,2017年中国金融工作会议呼唤培育国家金融人才。

(一)金融学院人才培养方案

1. 某金融大学经济学科各专业人才培养方案(图1-1)

```
                      ┌ 金融学
                      │ 金融市场与金融机构
                      │ 商业银行经营学
                      │ 信用担保
金融学专业       ┤ 国际金融学
投资学专业       │ 投资学
财政学专业       │ 公司金融学
金融工程专业    │ 金融工程学
保险学专业       └ 金融风险管理
国际经济与贸易专业
经济学专业
                      ┌ 微观经济学
                      │ 宏观经济学
                      │ 金融经济学
                      │ 投资经济学
                      │ 区域经济学
                      │ 产业经济学
经济与金融专业  ┤ 计量经济学
信用管理专业     │ 金融工程学
经济统计学专业  │ 商业银行经营学
金融数学专业     │ 银行会计学
互联网金融专业  │ 国际金融学
                      └ 金融市场学
```

图 1-1 某金融大学经济学科各专业课程

由图1-1可知,某金融大学经济学科的专业课程中涉及宏观金融的专业只有两个:金融学专业和经济与金融专业。金融学专业开设的九门课程只有国际金融学中涉及一点宏观金融概念;经济与金融专业开设的十二门课程只有金融经济学与国际金融学中涉及一些宏观金融内容，其余多为微观金融或部门金融范畴。

2. 国家一流重点大学金融学院金融学专业核心课程（图1-2）

专业核心课程 { 货币金融学
公司金融
证券分析与实证分析
金融衍生工具
国际金融
金融机构与市场
投资与资产组合管理 }

图1-2 国家一流重点大学金融学院金融学专业核心课程

由图1-2可知，即便是国家一流重点大学金融学院的金融学专业核心课程中七门专业核心课程也只有国际金融涉及部分宏观金融知识，其余均为微观金融专业或部门操作性金融技术的体现。

（二）1991—2020年诺贝尔经济学奖概况（表1-1）

表1-1 1991—2020年诺贝尔经济学奖概况

年份	获奖者	主要贡献
1991	罗纳德·科斯	揭示并澄清了经济制度结构和函数中交易费用和产权的重要性
1992	加里·贝克	将微观经济理论扩展到对人类相互行为的分析，包括市场行为
1993	道格拉斯·诺斯 罗伯特·福格尔	道格拉斯·诺斯建立了包括产权理论、国家理论和意识形态理论在内的"制度变迁理论"；罗伯特·福格尔用经济史的新理论及数理工具重新诠释了过去的经济发展过程
1994	约翰·纳什 约翰·海萨尼 莱因哈德·泽尔腾	在非合作博弈的均衡分析理论方面做出了开创性成果，对博弈论和经济学产生了重大影响

续表

年份	获奖者	主要贡献
1995	罗伯特·卢卡斯	倡导和发展了理性预期与宏观经济学研究的运用理论，深化了人们对经济政策的理解，并对经济周期理论提出了独到的见解
1996	詹姆斯·莫里斯 威廉·维克瑞	詹姆斯·莫里斯在信息经济学理论领域做出了重大贡献，尤其是不对称信息条件下的经济激励理论；威廉·维克瑞在信息经济学、激励理论、博弈论等方面都做出了重大贡献
1997	罗伯特·默顿 迈伦·斯科尔斯	罗伯特·默顿对布莱克－斯科尔斯公式所依赖的假设条件做了进一步减弱，在许多方面对其做了推广；迈伦·斯科尔斯给出了著名的布莱克－斯科尔斯期权定价公式，该法则已成为金融机构涉及金融新产品的思想方法
1998	阿马蒂亚·森	对福利经济学几个重大问题做出了卓越贡献，包括社会选择理论、对福利和贫穷标准的定义、对匮乏的研究等
1999	罗伯特·蒙代尔	对不同汇率体制下货币与财政政策以及最适宜的货币流通区域所做的分析使他获得这一殊荣
2000	詹姆斯·赫克曼 丹尼尔·麦克法登	发展广泛应用在经济学以及其他社会科学中对个人和住户的行为进行统计分析的理论和方法。尤其是，赫克曼对分析选择性样本的理论和方法的发展，麦克法登对分析离散抉择的理论和方法的发展
2001	迈克尔·斯彭斯 乔治·阿克尔洛夫 约瑟夫·斯蒂格利茨	在"对充满不对称信息市场进行分析"领域做出重要贡献
2002	丹尼尔·卡尼曼 弗农·史密斯	在心理和实验经济学研究方面所做的开创性工作
2003	罗伯特·恩格尔 克莱夫·格兰杰	在处理经济时间序列的两个关键性质：时变波动性和非平稳性时，所开创的统计分析方法

续表

年份	获奖者	主要贡献
2004	芬恩·基德兰德 爱德华·普雷斯科特	在动态宏观经济学领域中做出重要贡献
2005	罗伯特·奥曼 托马斯·谢林	通过对博弈论的分析加深了对冲突与合作的理解
2006	埃德蒙·费尔普斯	在20世纪60年代后期对当时盛行的"菲利普斯曲线"理论提出了挑战
2007	莱昂尼德·赫维奇 埃里克·马斯金 罗杰·迈尔森	在创立和发展"机制设计理论"方面做出卓越贡献
2008	保罗·克鲁格曼	整合了此前经济学界在国际贸易和地理经济学方面的研究,在自由贸易、全球化及推动世界范围内城市化进程的动因方面形成了一套理论
2009	埃莉诺·奥斯特罗姆 奥利弗·威廉森	奥斯特罗姆因为"在经济管理方面的分析,特别是对公共资源管理的分析"获奖;威廉森则因为"在经济管理方面的分析,特别是对公司边界问题的分析"获奖
2010	彼得·戴蒙德 戴尔·莫滕森 克里斯托弗·皮萨里季斯	对"经济政策如何影响失业率"理论进行了进一步分析
2011	克里斯托弗·西姆斯 托马斯·萨金特	研究政策变量在宏观经济运行中扮演的角色,在宏观经济学中对成因及其影响进行实证研究
2012	埃尔文·罗斯 罗伊德·沙普利	创建"稳定分配"理论,并进行"市场设计"的实践
2013	尤金·法马 拉尔斯·皮特·汉森 罗伯特·希勒	表彰他们对资产价格的经验分析
2014	让·梯若尔	对理解和监管行业中少数重要公司的理论研究尤其出色,即他对寡头垄断现象的研究
2015	安格斯·迪顿	对消费、贫困和福利的分析
2016	奥利弗·哈特 本特·霍姆斯特罗姆	在契约理论方面的卓越贡献,将相关理论用于公司,企业治理及金融危机期间流动性问题的研究

续表

年份	获奖者	主要贡献
2017	理查德·泰勒	理查德·泰勒将心理上的现实假设纳入到经济决策分析中。通过探索有限理性、社会偏好和缺乏自我控制的后果,他展示了这些人格特质如何系统地影响个人决策及市场成果
2018	保罗·罗默 威廉·诺德豪斯	在创新、气候和经济增长方面研究的杰出贡献,他们设计了一系列方法来解决我们时代最基本和最紧迫的问题——如何创造长期可持续的经济增长
2019	阿比吉特·班纳吉 埃斯特尔·杜弗洛 迈克尔·克雷默	为减轻全球贫困所采取的实验性方法
2020	保罗·米尔格罗姆 罗伯特·威尔逊	对拍卖理论的改进和新拍卖方式的发明

资料来源:新浪财经。

三十年的时间里,诺贝尔经济学奖得主中研究金融的有四人,其中只有罗伯特·蒙代尔在理论上探讨了国际金融问题,其他人的研究多侧重于金融资产定价或金融实践成效上。同时,国内外金融理论还缺乏对国家金融行为取向的研究与教学。

(三)2017年中国金融工作会议(表1-2)

表1-2 2017年中国金融工作会议主要内容

总述:必须加强党对金融工作的领导,坚持稳中求进工作总基调,遵循金融发展规律,紧紧围绕服务实体经济、防控金融风险、深化金融改革三项任务,创新和完善金融调控,健全现代金融企业制度,完善金融市场体系,推进构建现代金融监管框架,加快转变金融发展方式,健全金融法治,保障国家金融安全,促进经济和金融良性循环、健康发展

续表

三项任务	服务实体经济、防控金融风险、深化金融改革
四项原则	① 回归本源，服从服务于经济社会发展；把更多金融资源配置到经济社会发展的重点领域和薄弱环节； ② 优化结构，完善金融市场、金融机构、金融产品体系； ③ 强化监管，提高防范、化解金融风险能力； ④ 市场导向，发挥市场在金融资源配置中的决定性作用

	内　　容	新增要点
六项工作	为实体经济服务是金融的天职、宗旨、根本举措	① 更加注重供给侧的存量重组、增量优化、动能转换； ② 要把发展直接融资放在重要位置
	防止发生系统性金融风险是金融工作的永恒主题	① 把主动防范化解系统性金融风险放在更加重要的位置； ② 要把国有企业降杠杆作为重中之重，抓好处置"僵尸企业"工作； ③ 严控地方政府债务增重，终身问责
	坚定深化金融改革	推动金融机构真实披露和及时处置风险资产
	加强金融监管协调、补齐监管短板	① 设立国务院金融稳定发展委员会，强化中国人民银行宏观审慎管理和系统性风险防范职责； ② 地方政府要在坚持金融管理主要是中央事权的前提下，强化属地风险处置责任； ③ 金融管理部门形成"有风险没有及时发现就是失职、发现风险没有及时提示和处置就是渎职"的严肃监管氛围
	扩大金融对外开放	推进"一带一路"建设金融创新
	加强党对金融工作的领导	要坚持党中央对金融工作集中统一领导；要扎扎实实抓好企业党的建设；要大力培养、选拔、使用政治过硬、作风优良、业务精通的金融人才

资料来源：央视网，天风证券研究所。

中国遵循金融发展规律，围绕服务实体经济、防控金融风险、深化金融改革三项任务，提出了急需国家金融人才提升国家金融竞争力的要求。

三、金融学需要细分

(一) 国内外金融学科现状

以中美两国金融学科的经典教材为例。

美国教科书（此处为中译本）：[美] 弗雷德里克·S. 米什金. 货币金融学 [M]. 9 版. 郑艳文，荆国勇，译. 北京：中国人民大学出版社，2011.

中国教科书：黄达. 金融学 [M]. 3 版. 北京：中国人民大学出版社，2012.

(二) 金融学需要细分

金融学教科书系列

金融学原理　　　　金融学（基本原理）
国家金融学　或　　国家金融学
公司金融学　　　　公司金融学

国家金融学（宏观金融管理）　　公司金融学（微观金融管理）
▲国家金融顶层布局　　　　　　▲企业管理（公司治理结构）
▲国家金融监管协调　　　　　　▲财务管理（会计学、税法）
▲国家金融层级发展　　　　　　▲公司理财（投资学）
▲国家金融内外联动　　　　　　▲风险管理（审计、评估）
▲国家金融弯道超车　　　　　　▲战略管理（决策运营）
▲国家金融科技创新　　　　　　▲公司融资（金融中介）
▲国家金融风险防范　　　　　　▲金融工程（产融开发）
　　　　　　　　　　　　　　　▲法律责任（法学、信息经济学）
▲国家金融国际参与　　　　　　▲国际投资（兼并收购）

四、国家金融学的研究对象

国家金融学的研究对象包括以下五个层面。

第一个层面："国家金融学"的研究对象。

国家金融学以现代金融体系条件下的世界各国的国家金融行为属性为研究对象，以探讨一国金融发展中最核心且最紧迫的问题为导向，研究政策，采取措施，促进一国金融体系健康稳定，推动一国经济繁荣发展。

第二个层面：现代金融体系结构。

现代金融体系结构主要包括金融市场要素、金融市场组织、金融市场法治、金融市场监管、金融市场环境、金融基础设施。

第三个层面：现代金融体系内容。

（1）金融市场要素：货币市场、资本市场、保险市场、外汇市场、衍生产品市场等。

（2）金融市场组织：商业机构、管理机构、第三方机构等。

（3）金融市场法治：立法、执法、司法、法治教育等。

（4）金融市场监管：机构、业务、市场、政策法规执行等。

（5）金融市场环境：实体经济基础、现代产权制度、社会信用体系等。

（6）金融基础设施：硬件——支付清算体系等；软件——金融行业标准等。

第四个层面：政府与市场在现代金融体系中的作用。

1. 金融市场要素 ⎫
2. 金融市场组织 ⎭ 基础元素——更多地体现为市场的活动、规则与效率

3. 金融市场法治 ⎫
4. 金融市场监管 ⎪
5. 金融市场环境 ⎬ 配置元素——更多地体现为对市场的调节、监管与规范
6. 金融基础设施 ⎭

以上六个方面功能是一个渐进的历史过程,既是统一的、有序的,又是脆弱的。市场决定金融资源配置,同时更好地发挥政府作用。

第五个层面:国家金融行为需要着手解决的问题。

国际金融体系中的马拉松!

五、国家金融学的现在与未来

国家金融学的现在与未来应从以下几个方面考虑。

(1) 国家金融与公司金融的现在与未来。

(2) 金融布局与金融监管的现在与未来。

(3) 离岸金融与在岸金融的现在与未来。

(4) 金融科技相互融合的现在与未来。

(5) 金融风险防范处置的现在与未来。

(6) 国际金融体系变革的现在与未来。

六、本章要点与思考题

1. 国家金融学的范畴如何界定?

2. 公司金融学的范畴如何界定?

3. 国际金融学的范畴如何界定?

4. 亚历山大·汉密尔顿提出的美国货币金融体系五大要素是什么?

5. 凯恩斯在布雷顿森林会议上提出的世界金融体系"三个一"方案是什么?

6. 美国"马歇尔计划"的内容是什么?

7. 美国资产重组托管公司(RTC)设立的背景、组织架构与运作方式是什么？

8. 沃尔克法则的核心内容及其意义是什么？

9. 国家金融理论滞后于实践发展的原因是什么？

10. 培育国家金融人才的重要性有哪些？

11. 金融学为什么需要细分？

12. 现代金融体系的内涵、结构与特点是什么？

13. 从国家金融的角度，中国现阶段应进一步清晰或强化哪些金融发展举措？

第二章

国家金融顶层布局

一、国家金融定位

(一)金融中心

(1) 金融中心的分类:世界金融中心、国际(区域)金融中心、国家金融中心。

(2) 金融中心的特征:①金融要素与金融机构;②金融基础设施;③法律制度与监管体系;④金融枢纽。

(二)现代金融体系的划分(表2-1)

表2-1 现代金融体系的划分

金融体系的要素	资本市场主导型	银行主导型
金融市场	规模大、高流动性	规模小、低流动性
在股票市场上市公司的股票	多	少
风险分担	市场:跨部门	银行:跨期
所有权和控制	分散	集中
影响的方式	退出	披露
公司控制市场	敌意接管频繁	敌意接管罕见
主要代理冲突	股东和管理层	控制和少数股东
银行在外部融资中的作用	小	非常大
债务/股票比率	低	高

世界金融体系的两种类型：①以美国为代表的资本市场主导型金融体系；②以德国为代表的银行主导型金融体系。

银行主导型金融体系仍是当今世界各国的发展主流：一是融资的因素；二是工业化进程的因素；三是风险防控的因素。

资本市场主导型金融体系面临更高的风控要求。

加快发展资本市场具有重要性。

构建哪种类型的金融体系由本国国情决定。

推动金融体系改革创新。

二、国家金融政策

(一)财政政策

财政政策是指国家主要通过变动税收和政府支出来影响企业和项目，进而影响社会总需求和国民收入的政策。

变动税收：指改革税率和税收结构变动。

政府支出：指改变政府对产品和劳务的购买支出与转移支出。

财政政策与货币政策的四个组合如图 2-1 所示。

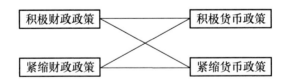

图 2-1　财政政策与货币政策的四个组合

财政政策与货币政策的三种相互作用措施：一是国债利息与银行利率；二是最优税赋与铸币税；三是财政赤字与通货膨胀。

(二)货币政策

货币政策是指国家货币当局(中央银行)通过银行体系变动货币供给量来调节社会总需求以刺激或抑制经济增长的政策。货币政策分为积极货币政策和紧缩货币政策两种表现形式。

货币政策目标。

货币政策工具。

货币政策"锚"。

货币政策效应。

货币政策"时滞"。

(三)汇率政策

汇率政策是指一国政府运用本国货币汇率的升降来控制进出口及资本流动,以达到国际收支均衡的宏观政策。

汇率。

汇率制度。

汇率制度分类。

汇率政策目标。

汇率政策工具。

"三元悖论"(图2-2)。

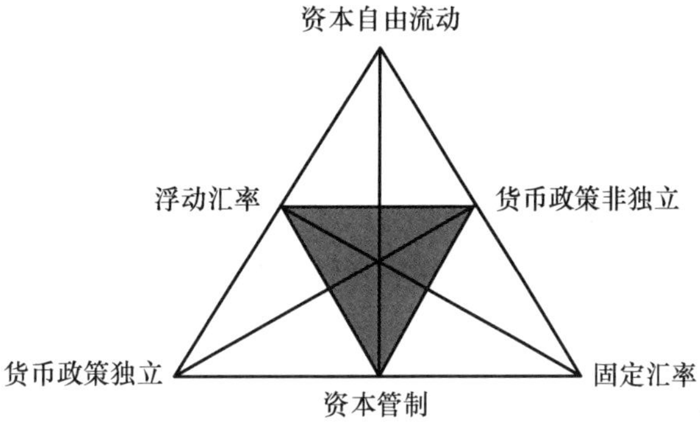

图2-2 "三元悖论"示意图

(四)监管政策

监管政策是指国家金融主管当局依据国家法律法规的授权对金融业实施监督、约束、管制进行的规范制约。

监管模式。

监管政策。

监管内容。

提倡"大金融"政策体系:"政策搭配理论"。

三、国家金融发展

(一)货币强势特征

货币强势表现为该国维持货币不贬值,稳中有升、汇率表现出强势:一是持续吸引外资注入;二是提升外国投资者对本币的持有。同时,货币强势也带来了出口困难、贸易逆差等问题。

(二)是否采取一种"稳中求强"的人民币汇率政策

四、建立国家金融顶层布局机构

(1)人员结构,功能结构,例会规则。

(2)组织监管协调,政策监管协调,国家地方监管协调,离岸、在岸监管协调,系统重要性项目监管协调。

(3)结论:国家金融应加强顶层布局,推动经济可持续发展。

五、本章要点与思考题

1. 国家金融顶层布局有哪些功能与作用?
2. 三类金融中心有哪些联系与区别?
3. 世界金融体系类型如何界定以及中国的可能性选择有什么?
4. 财政政策与货币政策如何界定及其互动影响有什么?
5. 中国货币政策的"锚"应放在哪里?
6. 面对保罗·克鲁格曼的"三元悖论",中国应如何选择其政策目标？这一选择的发展趋势如何？

7. 宏观审慎监管与微观审慎监管的联系与区别是什么？

8. "政策搭配理论"的可行性与现实性是什么？

9. 罗伯特·蒙代尔国际三位一体"货币区"的内容是什么？

10. 如何进行强势币种政策的利弊分析？

11. 中国强势人民币国策的内容是什么？

12. 建立国家金融顶层协调发展机构的重要性是什么？

第三章

国家金融监管协调

一、美国金融监管体系

1933年《格拉斯-斯蒂格尔法案》

1999年《格雷姆-里奇-比利雷法案》

2010年《多德-弗兰克华尔街改革和消费者保护法案》

(一)美国金融监管体系(2010年至今)(图3-1)

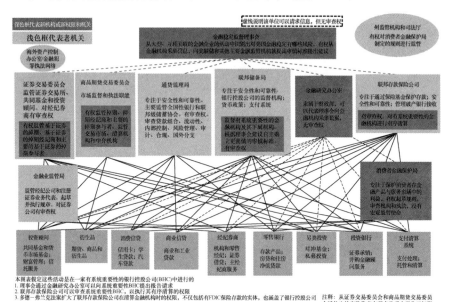

图3-1 美国金融监管体系

(二)美国金融监管体系的特征

(1) 在历史进程中逐渐形成。

(2) 在立法变革中不断推动。

(3) 双层多头、交错复杂的监管格局。

(4) 采取补丁填洞的方式加强监管措施。

(5) 在机构与功能重叠中有效运行。

二、英国金融监管体系

1979年颁布第一部英国银行法案。

1987年增加英国银行监管条款。

1998年颁布的《英格兰银行法》。

2000年颁布的《金融服务与市场法》。

2012年颁布的《金融服务法案》。

(一)英国金融监管体系——"双峰"模式（2012年）（图3-2）

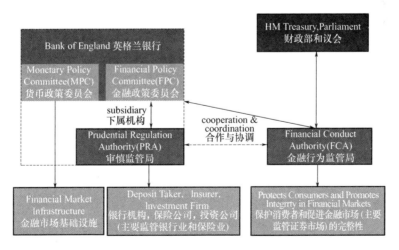

图3-2 英国金融监管体系——"双峰"模式

(二) 英国"双峰"监管模式

(1) 将审慎监管与行为监管有效分离，解决了监管目标的冲突。

(2) 有助于强化问责制。

(3) 形成了政策协调与信息共享机制。

(4) 货币政策与审慎监管协同。

(5) 宏观审慎与微观审慎监管互动。

(6) 证券市场行为监管与消费者利益保护有机统一。

英国现有监管模式也存在严重缺陷：国家顶层缺乏对审慎监管与行为监管产生冲突及处理重大经济金融危机的协调机制。

(三) 英国金融监管体系的特征

(1) 英国金融体系历史悠久，一直以市场自我管制为主。

(2) 变革后的金融监管体系从非正式到正式、从分散到集中，但其变革行为是被动式的。

(3) 2012年的金融监管体系变革呈现出理性特征且较为成功。

(4) 与美国从分业经营、分业管理走向混业经营、混业管理模式相反，英国从统一银行模式走向分业模式。

(5) 英国"双峰"监管模式的优势将难以有效发挥。

三、欧盟金融监管体系

(一) 欧盟金融监管体系（图 3-3）

欧盟金融监管体系分为宏观审慎监管和微观审慎监管两部分。

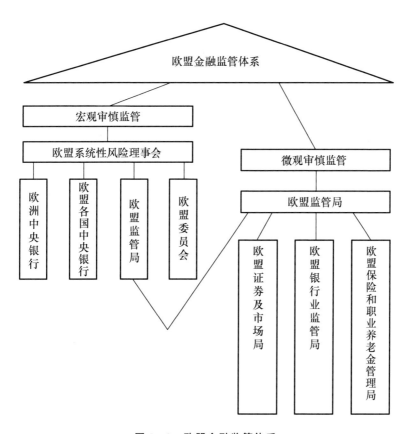

图 3-3 欧盟金融监管体系

(二)欧盟金融监管体系的特征

(1) 欧盟各国,尤其是欧盟成员国中的典型代表德国与法国,长期以来实施的是以银行业为主导的金融体系。

(2) 20世纪90年代至21世纪初,欧盟主要成员国混业经营发展的跨行业金融集团与外资金融机构涌入的国内金融市场,都发生了以投资银行业务为导向的主要金融风险。

(3) 针对2008年以来的世界性金融危机,欧盟金融监管体系由欧盟成员国各自的混业经营、混业监管的模式变革为欧盟统一协调、分业监管的模式。

(三)美、英、欧盟金融监管体系的异同

(1) 共同点:立法变革成主旋律;宏观、微观审慎并重,强化消费者权益保护。

(2) 区别点:美国从分业走向混业,英国与欧盟从混业走向分业;各国对影子银行监管措施不一;英国2012年颁布的《金融服务法案》框架明晰。

四、中国金融监管体系

(一)中国金融监管体系概况

(1) 中国主要商业银行。中国主要商业银行有:中国银行(1912年成立)、交通银行(1908年成立)、中国农业银行(1951年成立)、中国建设银行(1954年成立)、中国工商银行(1984年成立)。

(2) 中国主要金融监管机构。中国主要金融监管机构有:中国人民银行1948年12月1日成立,1983年9月确定专门行使中国国家中央银行职能;中国证券监督管理委员会(以下简称证监会)1992年10月成立;中国保险监督管理委员会(以下简称保监会)1998年11月成立;中国银行业监督管理委员会(以下简称银监会)2003年3月成立;2018年3月,银监会、保监会合并成为中国银行保险监督管理委员会(以下简称银保监会)。

(3) 中国主要政策性银行。中国主要政策性银行有:国家开发银行(1994年3月成立);中国农业发展银行(1994年11月成立);中国进出口银行(1994年4月成立)。

(4) 中国现阶段的金融机构如图3-4所示。

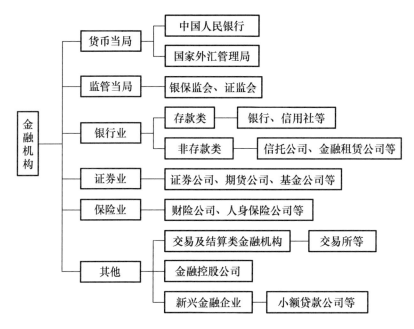

图 3-4 中国现阶段的金融机构

(二)中国金融监管体系来之不易

1948 年中国人民银行成立。

1984 年中国人民银行作为中央银行行使职能。

1995 年颁布《中华人民共和国商业银行法》。

2017 年确立金融监管"双峰"模式。

中国金融监管体系如图 3-5 所示。

(三)金融监管模式借鉴

1. 世界金融监管

(1) 世界三种金融监管模式：单一监管体制、多元监管体制、"双峰"监管体制。

(2) 金融监管"双峰"模式：功能监管、行为监管。

(3) 健全金融监管协调体系。

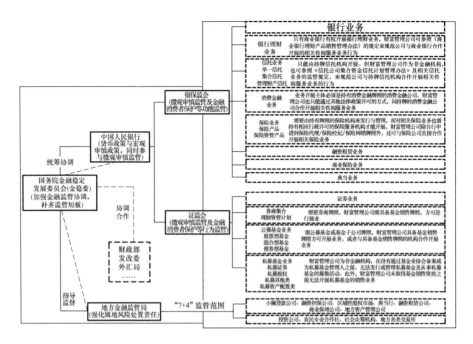

图 3-5 中国金融监管体系

2. 中国金融监管

中国应强化金融监管协调机制，发挥最佳监管作用。

（1）完善组织监管协调。

①国务院金融稳定发展委员会与中国人民银行货币政策委员会。

②国务院金融稳定发展委员会与功能监管局、行为监管局。

③功能监管局与行为监管局。

④宏观审慎监管与微观审慎监管。

（2）强化政策监管协调。

①货币政策。

②财政政策。

③汇率政策。

④监管政策。

⑤产业政策。

（3）健全中央地方监管协调。

①成立省、市金融监管局，界定省、市金融监管职能。

②明晰中央派驻地方监管职责，厘定与地方监管协调关系。

（4）对接离岸、在岸监管协调。

①建立离岸、在岸交易结算平台。

②设置离岸、在岸对接特殊账号。

③开设"沙盒监管"试验区域。

（5）推进系统重要性项目监管协调。

①"弯道超车"金融实例。

②金融科技创新发展。

③"一带一路"项目推动。

④粤港澳大湾区金融发展。

⑤防范化解系统性金融风险。

(四)充分发挥国务院金融稳定发展委员会的作用，努力推动国际金融监管协调

（1）发挥国务院金融稳定发展委员会的作用。

人员：应有地方分管金融官员参与。

功能：五大监管协调部门。

制度：定期记录、上报的制度。

（2）推动国际金融监管协调，发挥中国的作用。

积极参与G20金融稳定委员会（FSB）。

主动对接国际清算银行（BIS）、巴塞尔银行监管委员会（BCBS）、国际证监会组织（IOSCO）、国际保险监督官协会（IAIS）等。

五、本章要点与思考题

1. 一国金融实施金融法制和金融监管的主要理论依据是什么？
2. 美国金融监管体系有哪些特征？
3. 比较《格拉斯-斯蒂格尔法案》《格雷姆-里奇-比利雷法案》和《多德-弗兰克华尔街改革和消费者保护法案》的优缺点。
4. 英国金融监管体系是如何从"自我管制"走向"加强监管"的？
5. 描述英国1998年颁布的《英格兰银行法》、2000年颁布的《金融服务与市场法》和2012年颁布的《金融服务法案》的特点及金融监管框架特征。
6. 简述现阶段英国金融监管体系的利弊。
7. 简述宏观审慎监管和微观审慎监管的联系与区别。
8. 简述美英欧金融监管体系的异同。
9. 简述中国金融监管体系的演变与发展。
10. 为什么说中国已经建立了最优的金融监管框架？
11. 比较世界金融监管体系三种模式。
12. 中国国务院金融稳定发展委员会应加强哪几方面的金融监管协调？
13. 中国金融监管的国际合作有哪些途径？

# 第四章

国家金融层级发展

一、国家与地方金融发展

(一)国家与地方

案例

美国：RTC（美国资产重组托管公司）；RGGI（区域温室气体减排行动）

加拿大：魁北克与美国加州启动碳交易体系

澳大利亚："竞争中性"的提出

中国：地方金融"7＋4"，小额贷款公司、融资担保公司、区域性股权市场、典当行、融资租赁公司、商业保理公司、地方资产管理公司，投资公司、农民专业合作社、社会众筹机构、地方各类交易所

(二)金融发展

金融发展是个专业术语，专指金融体系结构的变化。

（1）狭义金融发展，专指现代金融体系结构中金融市场要素体系和金融市场组织体系（市场要素与市场机构）的变化。

（2）广义金融发展，是指现代金融体系结构六大方面的变化。

（3）衡量金融发展指标，一是通过对金融体系结构状态的数量指标来

度量，二是通过经济增长的相关指标来度量。

(三)经济与金融

经济结构对金融发展起决定性作用。

金融发展对经济发展起促进作用。

金融总量失控和管理失控将危害经济发展。

金融服务实体经济是世界各国关键的选择。

(四)粤港澳大湾区金融服务实体经济发展

1. 粤港澳大湾区概况

粤港澳大湾区城市群：九市（广州、深圳、珠海、佛山、中山、惠州、东莞、肇庆、江门）和二区（香港、澳门）。

中国经济最活跃的地区之一，也是国家建设世界级城市群、参与全球竞争的重要空间载体。

面积：5.6万平方公里

人口：6958万人

GDP：10.867万亿元人民币

第三产业占GDP比重：66.1%

出口：1.09万亿美元

实际利用外商直接投资：1407亿美元

机场旅客吞吐量：2.02亿人次

货邮吞吐量：793.58万吨

2. 粤港澳大湾区产业结构

产业结构互补：港澳地区现代服务业占主导，九市先进制造业和现代服务业双轮驱动。

港澳地区现代服务业占主导，金融、医疗、旅游、贸易等行业发达。

九市产业体系完备，制造业基础雄厚，是"世界工厂"，且不断向先进制造业升级,产业科技含量不断提升,逐步形成先进制造业和现代服务业双轮驱动的产业体系。

粤港澳大湾区各地GDP总额(2017)和粤港澳大湾区城市产业结构(2017)如图4-1、4-2所示。

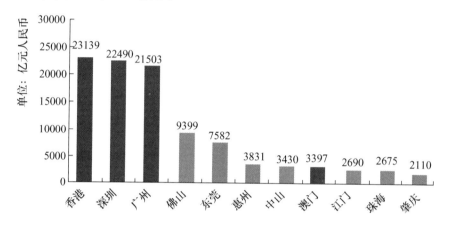

图4-1 粤港澳大湾区各地GDP总额(2017年)

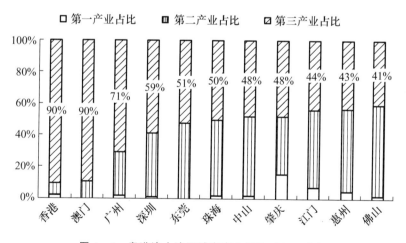

图4-2 粤港澳大湾区城市产业结构(2017年)

3. 粤港澳大湾区发展定位——建设国际一流湾区和世界级城市群

(1)推进基础设施互联互通,建设世界级城市群。

基础设施包括:能源供应系统、供水排水系统、交通运输系统、邮电通信系统、环保环卫系统、防卫防灾安全系统等。

金融配套措施包括：①独立投资；②租赁式投资，包括DBO（设计-建设-经营）、BOT（建设-经营-转让）、BOO（建设-拥有-经营）、BOOT（建设-拥有-经营-转让）、BLT（建设-租赁-转让）、BTO（建设-转让-经营）、TOT（转让-经营-移交）；③合伙式投资，比如PPP模式（政府和社会资本合作）、PPC（前港-中区-后城）；④股份式投资，比如发行债券、可转换债券、股票；⑤社会性投资，比如设立项目基金、项目资产证券化；⑥其他方式投资，比如建设项目买壳上市，项目并购捆绑经营，项目抵押、置换、拍卖等。

（2）加快物流航运发展，建立世界级航运群。

物流航运包括：贸易物流链——开展海陆空联运，物流转运时效与成本——设立跨境货栈，口岸通检监管——实现检验检测结果互认。

金融配套措施包括：①供应链金融；②航运保险、再保险、船舶金融、飞机船舶租赁；③航运交易所、保险交易所、金融资产交易所。

（3）促进科技创新、资源共享，打造国际科技创新中心。

科技创新包括：集聚国际创新资源；加快创新平台建设；促进科技成果对接转化；科技金融融合发展。

金融配套措施包括：①PE、VC；②企业在银行间市场发行超短期融资券、中期票据、项目收益债等；③推动知识产权质押贷款业务创新；④创新专项基金；⑤科创板上市；⑥建立风险补偿机制，完善融资担保体系。

（4）推动制造业一体化发展，构建具有国际竞争力的现代产业体系。

现代产业体系包括：改造提升传统产业；加快发展先进制造业；培育壮大战略性新兴产业；加快发展现代服务业；大力发展海洋经济。

金融配套措施包括：①大力发展绿色金融（例如绿色信贷、绿色债券、绿色金融标准、碳排放交易所）；②有序推动产业基金；③引导港澳资金投向湾区内地九市；④建设提升股权交易市场；⑤发展完善证券交易所；⑥全方位推进资本市场。

（5）提升金融业创新发展，建设国际金融枢纽。

国际金融枢纽包括：国际金融中心；投融资平台；现代金融产业体系；金融市场互联互通；金融监管协调发展。

金融配套措施包括：①巩固提升香港的国际金融中心地位（包括金融总部集聚）；②金融服务实体经济——跨境投融资便利化；③设立本外币合一跨境资金池，推进金融市场互联互通；④金融市场开放发展——机构、业务、市场、规则、金融基础设施（包括金融标准）；⑤金融服务创新发展——基础设施建设、产业金融、绿色金融、科技金融、民生金融等；⑥金融监管合作协调——金融风险预警、防范和化解，反洗钱，反恐怖融资，反逃税，金融消费者权益保护。

（6）强化湾区一体化水平，建设宜居宜业宜游优质生活圈。

宜居宜业宜游包括：教育、文化、休闲、就业创业、健康、社会保障、社会治理。

金融配套措施包括：①设立民生项目基金；②推动跨境支付、境外消费、自然人移动、商业存在等金融服务便利化；③拓展旅游、文化创意、电子商务、海洋经济、职业教育、生命健康等领域金融合作与创新；④促进粤港澳金融市场互联互通便利化；⑤开发创新型跨境保险和保险产品，为跨境保险客户提供便利化承保、查勘、理赔等服务；⑥推进金融消费纠纷调解合作。

4. 五大战略制胜

（1）充满活力的世界级城市群。

（2）具有全球影响力的国际科技创新中心。

(3) "一带一路"倡议的重要支撑。

(4) 内地与港澳深度合作示范区。

(5) 宜居宜业宜游的优质生活圈。

(五) 国家地方金融发展传统的两种路径

高度管制：特征是金融压抑（Financial Repression）。

自由放任：特征是金融自由化（Financial Liberalization）。

以上理论是罗纳德·麦金农（Ronald McKinnon）和爱德华·肖（Edward Shaw）于20世纪70年代研究发现的。他们在研究中发现，发达国家金融自由化促进了金融发展，金融发展促进了经济增长。而发展中国家存在过多的金融管制、利率限制、信贷配额及金融资产单调等现象，使金融市场发展不够、直接融资少，金融商品较少，居民储蓄率高，经济发展效率差；利率管制、实行选择性的信贷政策，限制了经济发展。

二、国家与地方金融发展路径之一："金融自由化"国家不稳

(一) 华盛顿共识与金融自由化

1. 华盛顿共识（Washington Consensus）

(1) 加强财政纪律，压缩财政赤字，降低通货膨胀率，稳定宏观经济形势。

(2) 把政府开支的重点转向经济效益高的领域和有利于改善收入分配的领域（如文教卫生和基础设施）。

(3) 开展税制改革，降低边际税率，扩大税基。

(4) 实施利率市场化。

(5) 采用一种具有竞争力的汇率制度。

(6) 实施贸易自由化，开放市场。

(7) 放松对外资的限制。

(8) 对国有企业实施私有化。

(9) 放松政府的管制。

(10) 保护私人财产权。

2. 金融自由化效果各异

(1) 苏联休克疗法，国家解体。

(2) 东欧激进疗法，短暂效果。

(3) 拉美多次反复，效果很差。

(4) 东亚几国遭"绞杀"，金融海啸很凶猛。

3. 20世纪末泰国金融危机及21世纪初阿根廷经济危机

(1) 短期来看，金融发展问题是流动性问题。金融危机是流动性危机，典型表现为恐慌、挤兑、抛售、踩踏。流动性丧失导致大面积的债务违约，信贷循环遭到破坏，恐慌与资产抛售加剧，进一步抽干流动性，市场陷入下降螺旋。

(2) 中期来看，金融发展问题是债务问题。金融发展表现为信贷或债务的扩张与收缩。债务扩张刺激经济增长，债务收缩抑制经济增长，当前债务扩张增加未来债务风险，债务的不可持续最终导致危机爆发。

(3) 长期来看，金融发展问题是制度问题。每一轮波澜壮阔的金融发展往往始于金融自由化，金融监管与货币政策放松，金融创新活跃，赋予金融周期跨越短期经济周期的力量。

图4-3、4-4分别表示危机前后泰国的经济情况。

图4-5、4-6分别表示危机前后阿根廷的经济情况。

（二）"中等收入陷阱"（Middle Income Trap）

"中等收入陷阱"的典型特征是：一方面，资源成本、原材料成本、劳动力成本、资金成本、管理成本等居高不下；另一方面，这些国家又缺

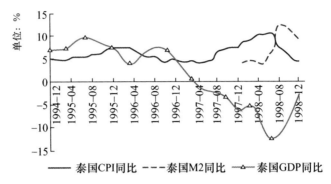

图 4-3 危机前后泰国 CPI、M2 与 GDP 增速

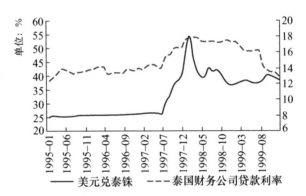

图 4-4 危机前后泰国汇率及利率走势

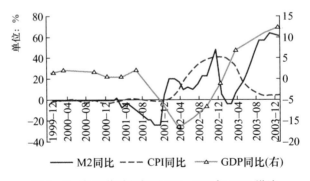

图 4-5 危机前后阿根廷 M2、CPI 与 GDP 增速

乏核心尖端技术，难以创新，处于产业链条的中低端，缺乏竞争力，经济增长回落或停滞，引发就业困难、社会公共服务短缺、金融体系脆弱、贫富分化、腐败多发、信仰缺失、社会动荡等。

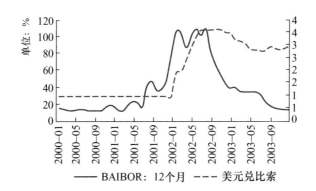

图 4-6　危机前后阿根廷汇率及利率走势

陷入"中等收入陷阱"的典型代表如下所述。

遵循"华盛顿共识"的拉美国家,成为陷入"中等收入陷阱"的典型代表。

例如,阿根廷在 1964 年人均 GDP 就超过 1000 美元,在 20 世纪 90 年代末上升到了 8000 多美元,但 2002 年又下降到了 2000 多美元,而后 2014 年又回升到了 12873 美元。墨西哥 1973 年人均 GDP 已达到 1000 美元,2014 年人均 GDP 为 10718 美元,经过了 41 年仍处于中等偏上国家。拉美地区许多类似的国家,经过几十年的努力,几经反复,但一直没能跨过人均 GDP15000 美元的发达国家门槛。

(三)严守不发生系统性金融风险的底线

(1) 国家层面的监管协调。
(2) 监管部门的监管规则。
(3) 地方发展的责权界定。
(4) 行业协会的自律约束。

三、国家与地方金融发展路径之二:"金融压抑"地方不活

(一)"金融压抑"地方不活

1."金融压抑"的含义

2. 金融发展是区域经济转型路径之一

3. 区域经济发展需要金融支撑

(二) 地方金融发展的动力和活力

(1) 上海金融中心地位的启示，浦东如何超越浦西？

(2) 深圳金融发展的借鉴，渔村如何变为都市？

(3) 粤港澳大湾区金融支撑的思考。

(4) 佛山运用金融举措建设产业高地的实践。

(三) 地方金融发展的思考

金融变量扩张与收缩导致的实体经济波动，是风险与融资约束之间相互作用引起的"繁荣-萧条"循环。

一方面，金融发展放大区域经济波动，存在"金融加速器效应"：①地方金融发展对服务地方经济的作用越来越大；②地方金融发展在金融系统的占比不断攀升；③地方金融发展成长性好、发展速度快和市场化程度高。

另一方面，金融压抑也会导致区域经济错失转型契机：①大量民资寻求金融投资；②实体企业寻求金融配置；③新经济发展寻求新金融业态。

四、国家与地方金融发展路径之三：规则下促竞争、稳定中求发展

(一) 金融与实业

金融与实业，开拓了互联互通、速度、效率、配置资源的方式与渠道。

(二)打开融资通道

打开融资通道，分工合作，做各自擅长的业务（图4-7）。

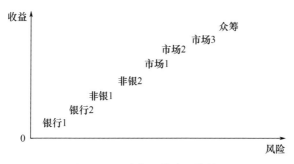

图4-7　融资·风险·收益

(三)规则下促竞争、稳定中求发展

(1) 总体思路：构建与多层次实体经济相吻合的多层次金融体系。

(2) 基本原则：坚持市场导向，坚持有效协调，坚持平衡发展，坚持权责对等，坚持依法监管，坚持分类指导、分步推进。

(3) 国家金融监管责权：①制定规则；②机构准入和监管；③金融业务和金融市场监管；④对地方金融发展协调、督查、指导；⑤维护国家金融稳定与安全。

(4) 地方金融发展路径。

① 管理机构：国家金融机构的地方分支机构，地方金融局。

② 地方银行类金融机构：城市商业银行，农村商业银行，股份制银行等。

③ 地方非银行类金融机构。

④ 地方政府支持的金控企业和一些投融资平台与企业；产业基金，投资基金，担保基金，母基金等。

(5) 地方金融监管责权：①细化规则；②机构准入和监管；③地方金

融业务和金融市场平台监管；④地方金融风险防范处置；⑤地方金融基础设施建设。

（6）国家地方金融发展：①有序改革、稳中求进；②完善法律法规体系建设；③防控金融风险；④优化金融发展环境。

（7）防范和处置金融风险。

① 金融监管三大安全网。

A. 设立存款保险公司。

B. 健全金融资产管理体系。

C. 设立金融担保和再担保体系。

② 金融风险管控三项机制。

A. 建立金融风险监测预警机制。

B. 建立金融风险应急处置机制。

C. 建立金融投资者、消费者保护机制。

（8）优化金融发展环境：①沟通会商协调；②信息共享机制；③金融评级机构；④行业自律组织。

五、本章要点与思考题

1. 简述金融发展的狭义与广义之分。
2. 简述金融发展三条路径选择及其内涵。
3. 简述"华盛顿共识"的具体内容与问题所在。
4. 简述"中等收入陷阱"的提出背景与表现特征。
5. 简述"金融自由化"的利弊。
6. 简述"金融压抑"的利弊。
7. 简述地方经济发展的金融需求。

8. 简述国家与地方金融责权界定。
9. 如何在规则下促竞争、稳定中求发展？
10. 如何建设粤港澳大湾区国际金融枢纽？
11. 如何建立区域性存款保险公司？
12. 探讨世界各国地方金融发展的借鉴意义。

第五章

国家金融内外联动

一、现代金融体系的国际化演进

(一)实体经济发展全球一体化

(1) 生产服务贸易全球化。

(2) 对外直接投资大规模增长。

(3) 科学技术迅速发展。

(4) 跨国公司不断形成。

(二)现代金融体系的国际化演进

(1) 金融市场要素国际化产品日趋多样。

(2) 金融市场机构国际化类型日趋齐全。

(3) 金融市场法制国际化规则日趋提升。

(4) 金融市场监管国际化举措日趋重视。

(5) 金融市场环境国际化服务日趋改善。

(6) 金融市场基础设施国际化条件日趋完备。

(三)离岸、在岸市场对接是个重要课题

1. 离岸市场形成与发展

全球离岸金融市场分布见表5-1。

表 5-1 全球离岸金融市场分布

非洲	亚太地区	欧洲	中东地区	美洲
吉布提	澳大利亚	奥地利	巴林	阿鲁巴岛
塞舌尔	库克群岛	安道尔	迪拜	巴哈马
丹吉尔	瑙鲁	卢森堡	以色列	巴巴多斯
利比里亚	纽埃岛	马耳他	科威特	伯里兹城
毛里求斯	菲律宾	摩纳哥	黎巴嫩	开曼群岛
	新加坡	荷兰		百慕大
	关岛	俄罗斯		波多黎各
	中国澳门	瑞士		乌拉圭
	瓦鲁阿图	塞浦路斯		格林纳达
	西萨摩亚	直布罗陀		巴拿马
	日本东京离岸市场	泽西岛		安提瓜岛
	中国香港	匈牙利		安圭拉岛
	马来西亚（那敏岛）	格维纳维亚		哥斯达黎加
	马里亚纳群岛	列支敦士登		多米尼加
	马绍尔群岛	马德拉群岛		凯科斯群岛
	密克罗尼西亚	根西岛		英属维京群岛
	泰国新德里	英国伦敦		蒙特塞拉特群岛
		爱尔兰都柏林		荷属安地列斯群岛
		海峡群岛		美国国际银行设施
		法国巴黎		美国萨摩耶群岛
		德国法兰克福		

资料来源：国际清算银行（BIS）.

2. 离岸市场特征

（1）业务活动很少受法规管制，手续简便，低税或免税，效率较高。

（2）离岸金融市场由"境外银行"即经营境外货币业务的全球性国际

银行网络构成。

（3）离岸金融市场借贷货币属境外货币，借款人可以自由挑选货币种类（该市场上借贷关系是外国放款人与外国借款人的关系，几乎涉及世界各国）。

（4）离岸金融市场利率以伦敦银行同业拆借利率为标准，一般来说，其存款利率略高于国内金融市场，而放款利率略低于国内金融市场，利差很小，富有吸引力和竞争性。

3. 离岸市场对现代金融体系的两方面作用

（1）发达的离岸市场可以进一步推动本国货币国际化进程，使其在主要国际货币的竞争中赢得有利地位。

（2）离岸市场与在岸市场的有序对接，既有本国货币国际化的内在需求，又有世界实体经济全球一体化和金融市场国际化的外在压力。

4. 离岸币种定价权在哪？

（1）离岸-有活跃的市场。

（2）在岸-能充分利用和管理离岸资金离岸币种定价权。

(四)现代金融体系国际化进程中需要解决的事项

（1）离岸市场与在岸市场，一种货币、两种市场、两种利率，如何解决？

（2）一国货币国际化进程，支付货币—储备货币—锚货币，如何实现？

（3）离岸、在岸对接、模式设定，特殊账号设置，法制监管、金融基础设施、金融标准化建设等，如何推动？

二、美国、日本是如何解决离岸、在岸市场对接的

(一)美国解决离岸、在岸市场对接的路径：设置特殊账号

美国国际银行设施（IBFs）是美国联邦储备委员会1981年12月3日批准在美国本土设立的离岸金融特殊账号，可不交纳存款准备金，也不受

联邦存款保险公司（FDIC）管制，可不参加保险，免交州和地方所得税，但业务范围受到联邦政府工作人员（Feds）限制。

(1) IBFs—美国国际银行设施，也称国际银行便利（International Banking Facilities），指美国联邦储备委员会 1981 年 12 月 3 日批准在美国本土设立的离岸金融特殊账号。该账号业务与国内业务分开，分属不同账目，根据法律专门供给美国境内的国内外银行使用，通过该离岸金融账号向美国非居民客户提供存款和放款等金融服务。

(2) IBFs 的主要特点：①允许美国的银行或在美国境内的外国分支银行对外国的存款和借款提供便利，不受中央银行的存款准备金的限制，不需要交纳存款准备金，也不受美国联邦保险公司的规定，可以不参加保险；②美国各州通过允许开设 IBFs 的银行，免交州和地方所得税，在税收上享有优惠；③业务范围受到美国银行和联邦储备银行的限制。

(3) IBFs 概况。1981 年 12 月到 1983 年 12 月的两年间，IBFs 的资产总量迅速发展到 1800 亿美元，占到全球当时离岸金融总资产的 7%。美国的离岸金融取得了迅速的发展。到了 20 世纪 90 年代，随着新型金融工具的发展，美元的在岸和离岸市场的融合度大大增强，IBFs 的功能开始慢慢淡化。到了 2004 年，IBFs 数量下降到了 1983 年的一半，仅为 263 家，其资产总额也下降到 1500 亿美元，其在国际离岸金融中的地位可以忽略不计了。

(4) IBFs 属于分离型离岸金融市场的类型。分离型离岸金融市场是指境内金融市场业务和境外业务严格分离。对外资银行和金融机构与本国居民之间的金融业务活动加以限制，只准许非居民参与离岸金融业务，目的在于防止离岸金融交易活动影响或冲击本国货币政策的实施。

(二)日本解决离岸、在岸市场对接的路径

(1) 日本解决离岸、在岸市场对接的路径—开设离岸金融市场

(Japan Offshare Market，JOM)，在东京设立离岸业务在岸交易结算中心：①1986年12月1日创设；②主体是在日本获得许可经营外汇业务的银行；③JOM中资金筹措及运用仅限于非居民、其他离岸账户及总行存入或借入的非结算性存款；④无法定准备金和存款保险金要求，没有利息预扣税（但需缴地方税和印花税），不受利率管制，但该账户不能进行债券业务和期货交易。

(2) JOM的主要特点：①该市场无法定准备金要求和存款保险金要求，没有利息预扣税，不受利率管制；②JOM的设立主体是在日本获得许可经营外汇业务的银行；③JOM的资金运用方法只限于面向非居民的贷款，汇向离岸账户、海外金融机构及总行的存款；④JOM的资金筹措方式仅限从非居民、其他离岸账户及总行存入或借入的非结算性存款；⑤JOM的金融税制措施包括在金融方面，鼓励有关离岸账户款项的存入，取消利息政策、准备金制度及存款保险制度的有关限制。

三、离岸、在岸市场对接模式分析

（一）离岸、在岸市场对接的理论探源

(1) 利率平价渠道。

(2) 国际收支渠道。

(3) 金融创新渠道。

(4) 货币危机渠道。

（二）离岸、在岸市场对接的四种模式

(1) 内外混合型：伦敦、中国香港。

(2) 内外分离型：IBFs、JOM。

(3) 渗透型：新加坡等。

(4) 避税港型：开曼、百慕大等。

(三) 如果选择内外分离型，特殊账号的设置是关键

(1) 应与境内在岸本币账户，分开管理，流动有序，权利平等。

(2) 应加快完善离岸金融法律体系、外汇和利率管理、经营管制、税收优惠、保密制度，打击国际金融犯罪，加强风险控制。

(3) 提升交易结算业务量。

(四) 如果选择内外分离型，如何设立离岸业务在岸交易结算中心

(1) 定价体系。

(2) 配套措施。

(3) 离岸在岸，对接互动，共赢发展。

1. 区域布局

可在经济金融基础好、国际化桥头堡、具有天然合作优势的在岸区域选择试点。

2. 服务内容

可在非居民之间、居民与非居民之间，多币种、不限额（贸易背景），推动本币计价计算，跨境本币业务创新，引进境内外市场主体，形成离岸价格。

3. 核心制度——设立特殊账号

(1) 不受法定准备金和利率上限约束，无存款保险金。

(2) 贷款可以向境内发放，但必须用于境外。

(3) 与国内本币账户严格分离。

(4) 税收减免。

(5) 居民可以开设，但必须用于离岸业务。

(6) 只有开立账户，才能结算。

(五)如果选择内外分离型，对下一步推动方向的思考

内外分离型→？

四、中国粤港澳大湾区建设的难点与突破点

(一)推动粤港澳大湾区金融创新发展，建设国际金融枢纽

推动粤港澳大湾区金融创新发展，建设国际金融枢纽的举措包括：①坚持金融服务实体经济，积极发展科技金融，培育壮大航运保险；②努力构建现代产业体系，大力发展湾区资本市场；③推进湾区金融平台建设，构建国际金融枢纽；④积极开展金融科技创新，探索金融监管沙盒政策措施。

(二)粤港澳大湾区金融发展趋势

国家金融体系国际化演进包括：①金融市场国际化结构日趋完善；②金融机构国际化类型日趋多样；③金融服务国际化工具种类繁多；④金融法治国际化规则日趋提升；⑤金融监管国际化举措更加重视；⑥金融基础设施国际化条件日趋完备。

(三)粤港澳大湾区发展"三步走"

2020年，粤港澳大湾区建设打下坚实基础，构建起协调联运、运作高效的粤港澳大湾区建设工作机制，在规则相互衔接和资源要素便捷有序流动等方面取得重大突破。

到2022年，粤港澳大湾区要基本形成活力充沛、创新能力突出、产业结构优化、要素流动顺畅、生态环境优美的国际一流湾区和世界级城市群框架。

到2035年，粤港澳大湾区要全面建成宜居宜业宜游的国际一流湾区。

(四)离岸、在岸市场对接是个重要课题

(1) 离岸市场特征。

① 经济一体化、金融市场国际化。

② 在岸管制的有效性受到挑战。

③ 在岸的管制成本难以承受。

④ 经常项目可兑换—资本项目可兑换—完全可兑换。

(2) 离岸、在岸市场对接。

① 大国经济指标四大方面：GDP 总量、进出口贸易总额、世界 500 强企业总数、国际储备货币比重。

② 人民币国际化三阶段路径：支付结算货币—储备货币—锚货币。

③ 货币政策锚在哪里？货币供应量、通货膨胀率、汇率目标。

④ 美、日离岸、在岸市场对接案例。

⑤ 粤港澳大湾区应该怎样做？

(五)粤港澳大湾区离岸、在岸市场对接模式选择

内外混合型——如伦敦、中国香港

内外分离型——如 IBFs、JOM

渗透型——如新加坡等 $\begin{cases} \text{OUT} \rightarrow \text{IN} \\ \text{IN} \rightarrow \text{OUT} \\ \text{IN} \leftarrow \rightarrow \text{OUT} \end{cases}$

避税港型——如开曼、百慕大等

(六)粤港澳大湾区离岸、在岸金融平台建设极为重要

比如：航运交易、保险与再保险交易，创新型期货交易，湾区投资基金等。

又如：完善"深港通""债券通"机制，扩大湾区内人民币跨境使用规模和范围，推动湾区内基金、保险等金融产品跨境交易等。

(七)设置离岸、在岸特殊账号,推进资本项目可兑换

1. 粤港澳大湾区离岸、在岸特殊账号比较

美国:IBFs。

日本:JOM。

粤港澳大湾区特殊账号:OSA、FT、NRA。

2. 粤港澳大湾区离岸、在岸特殊账号设置限定

(1) 应与粤港澳大湾区境内在岸人民币账户管理分开,流动有则,权利平等。

(2) 应加快完善粤港澳大湾区离岸金融法律体系:①外汇和利率管理;②经营管制;③税收优惠;④保密制度;⑤打击国际金融犯罪等。

(3) 应加强风险控制:①对银行离岸头寸和在岸头寸相互抵补量进行限制并动态调整;②注重对短期资本流动的管制;③强化反洗钱、反恐融资、反逃税监管;④加强国家与粤港澳大湾区金融监管协作;⑤建立综合信息监管平台,对粤港澳大湾区内非金融机构实施监测评估和分类管理。

(4) 应增强对离岸人民币的吸引力,提升特殊账号的交易结算业务量。

3. 促进人民币国际化、本土企业国际化和国内银行国际化的有效结合、协同发展

(1) 重点推动资本项下人民币输出。

(2) 建立与实体经济发展相配套的跨境人民币投融资服务体系。

(3) 着力推动跨境服务贸易。

(4) 设立国家标准碳现货期货交易所等。

(5) 推动中国国内金融机构加快提升国际竞争力。

(八)粤港澳大湾区与新加坡、伦敦等对接互动、共赢发展

(1) 国际金融枢纽服务内容。

（2）国际金融枢纽延伸发展。

（3）国际金融枢纽措施配套。

五、本章要点与思考题

1. 简述现代金融体系国际化演进的原因与表现。
2. 简述离岸金融市场形成与发展。
3. 为什么说离岸、在岸金融市场对接是个重要的课题？
4. 简述 IBFs 的含义。
5. 简述 JOM 的作用。
6. 简述国际离岸、在岸对接模式四种类型的利弊分析。
7. 对发展中国家，离岸、在岸市场对接模式的可能性选择有哪些？
8. 简述一国金融离岸、在岸有序对接的主要目的。
9. 简述设立人民币离岸业务在岸交易结算中心的可行性。
10. 简述设立人民币离岸业务在岸交易结算中心的制度框架。
11. 简述离岸在岸特殊账号设置的重要性。
12. 离岸、在岸金融市场对接应侧重哪些法律法规建设？
13. 简述粤港澳大湾区金融发展的难点与突破点。
14. 如何设计人民币国际化的目标与路径？

第六章

国家金融弯道超车

一、一国货币成为国际货币的基本路径

(一) 金本位制

时间：1880—1914年。

基本内容：各国政府宣布本国货币的含金量，各国政府承诺实现本国货币与黄金之间的自由兑换，按固定价格实现货币与黄金的自由兑换。

储备和锚货币：黄金。

汇率制度：固定汇率。

国际收支调节机制：黄金的国际流动。

金本位制的优点有：①各国通过宣布本国货币的含金量，即钉住黄金来实现了彼此之间的固定汇率；②由于承诺实现黄金和货币之间的自由兑换，各国政府无法过度发行货币，从而实现了全球范围内物价的稳定；③国际收支的调整通过黄金的跨国流动而自动完成。

金本位制的缺点有：①全球黄金存量的增长速度远低于世界经济的增长速度，这意味着黄金本位制具有内在的通缩倾向；②一旦某些奉行金本位的国家具有较强的出口竞争力，甚至使得黄金流入造成的物价上涨不足以完全抵消出口商品的竞争力，那么黄金将持续由其他国家流入，加剧全球黄金分布的不平衡。

(二)金块与金汇兑本位制

时间：1922—1933年。

基本内容：中心国家实施金本位制，政府宣布本币的含金量，本国国内仅流通纸币，但允许各类主体与本国政府进行交易，按固定的价格实现本币和黄金的自由兑换；外围国家实施金汇兑本位制，即维持本国货币与一个实行金本位制的国家货币的固定汇率，本国国内仅流通纸币，且纸币与黄金之间不能自由兑换。

储备和锚货币：黄金、英镑、法郎、美元。

汇率制度：固定汇率。

国际收支调整机制：中心国之间的国际收支失衡由黄金流动引发的价格调整来实现再平衡，中心国与外围国之间的国际收支失衡由固定汇率的调整来实现再平衡。

金块与金汇兑本位制的优点有：①适应了当时黄金在全球范围内分布不均、集中于少数几个大国的现实；②各国货币通过钉住黄金或中心国货币间接实现了彼此之间的固定汇率；③中心国为了维持黄金与货币之间的自由兑换，外围国为了维持与中心国的固定汇率，会限制国家过度发行货币，实现体系内的物价稳定。

金块与金汇兑本位制的缺点有：①作为货币锚的黄金产量显著低于世界经济的增长速度，该体系内会内生出一种通货紧缩的倾向；②对实施金块与金汇兑本位制的中心国而言，黄金可能持续流向劳动生产率高、具有较强出口竞争力的国家。

(三)布雷顿森林体系

时间：1944—1971年。

基本内容：美国成为唯一一个有能力实施金块本位制的国家后，金块与金汇兑本位制升级的新版本即布雷顿森林体系；美国政府宣布美元的含金量，1盎司黄金兑换35美元；其他国家的货币以固定汇率钉住美元；仅允许外国政府用美元向美联储兑换黄金。

储备和锚货币：美元。

汇率制度：可调整的钉住汇率制度。

国际收支调整机制：当成员国之间的固定汇率存在根本性"失衡"时，中心国与外围国之间的国际收支失衡由固定汇率的调整来实现再平衡。

布雷顿森林体系的优点：①适应了第二次世界大战后全球黄金储备的一半以上集中在美国的现实；②黄金与美元的双挂钩制使得各国货币以固定汇率相连接，消除了汇率风险，促进了全球贸易和投资的发展；③为维持美元和黄金的挂钩，美国政府会限制美元过度发行，而其他国家政府为维持本币与美元的固定汇率，也会限制本币的过度发行，这有助于维持体系内的物价稳定。

布雷顿森林体系的缺点可概括为"特里芬难题"：一方面，为满足全球范围内对美元的需求，美国必须源源不断地输出美元；另一方面，如果美国输出的美元数量足够多，美国政府就难以继续维持美元与黄金之间的自由兑换。

凯恩斯方案又称班克（Bancor）方案：凯恩斯提议建立一个全球银行—国际清算联盟（International Clearing Union，ICU），该银行将独立发行自有货币班克，该货币币值由包括黄金在内的30种具有代表性的大宗商品价格来确定，且该货币与各国货币之间具有相对稳定的兑换率。所有商品服务贸易均可以以班克计价，同时每个国家均在ICU拥有自己的班克账户，并允许一定程度的透支。当一个国家出现大规模贸易赤字时，该国除了要支付透支的利息外，必须在经济上有所调整并本币贬值，同样，当一国国家出现大规模贸易盈余时也需要进行调整，该国货币将被要求升值。

(四)牙买加体系

时间:1976年—至今。

基本内容:没有任何货币再有含金量的规定,黄金不再在体系内扮演重要角色;美元依然扮演全球储备货币的角色。

储备和锚货币:美元,欧元。

汇率制度:发达国家通常实施浮动汇率制度,新兴市场国家通常实施各种形式的钉住美元汇率以维持出口导向的发展战略。

国际收支调节机制:通过灵活的汇率变动来调节国际收支。

牙买加体系的优点有:①货币发行与黄金彻底脱钩,使得全球经济增长不再受通货紧缩的困扰;②美联储的货币政策信誉取代黄金成为新体系下的货币锚;③浮动汇率制的广泛实施使得成员国之间能够更加方便地通过汇率水平变动来平衡国际收支;④实施浮动汇率制度的成员国获得了货币政策的独立性,实施固定汇率制度的成员国获得了快速的出口增长。

牙买加体系的缺点有:①发行全球储备货币的美元依然难以克服广义的"特里芬难题";②国际收支的必要调整屡屡被推迟,导致全球经常账户失衡愈演愈烈;③由于美元彻底与黄金脱钩,美元发行缺乏外在硬约束,而仅靠美联储货币政策信誉的内在约束。

(五)汇率制度选择

国际货币基金组织(IMF)汇率制度选择分类(2017年)见表6-1。

表6-1 国际货币基金组织汇率制度选择分类(2017年)

序号	分类		国家(地区)
1	No Separate legal tender	没有单独的法定货币	13
2	Currency board	货币局	11
3	Conventional peg	传统钉住	43
4	Stabilized arrangement	稳定化安排	24

续表

序号	分类		国家（地区）
5	Crawling peg	爬行钉住	3
6	Crawl-like arrangement	类爬行安排	10
7	Pegged exchange rate within horizontal bands	水平区间内的钉住汇率	1
8	Other managed arrangement	其他管理型安排	18
9	Floating	浮动	38
10	Free floating	自由浮动	31

RR 汇率制度选择分类（2016年）见表6-2。

表6-2 RR 汇率制度选择分类（2016年）

序号	分类		国家（地区）
1	No separate legal tender	没有单独的法定货币	53
2	Pre announced peg or currency board arrangement	事先宣布的钉住或者货币局	27
3	Pre announced horizontal band that is narrower than or equal to $+/-2\%$	实现宣布的水平区间等于或小于 $+/-2\%$	0
4	De facto peg	事实钉住	16
5	Pre announced crawling peg	事先宣布的爬行钉住	1
6	Pre announced crawling band that is narrower than or equal to $+/-2\%$	事先宣布的爬行钉住区间等于或小于 $+/-2\%$	4
7	De factor crawling peg	事实上的爬行钉住	17
8	De facto crawling band that is narrower than or equal to $+/-2\%$	事实上的爬行钉住区间等于或小于 $+/-2\%$	19
9	Pre announced crawling band that is wider than or equal to $+/-2\%$	事先宣布的爬行钉住区间大于或等于 $+/-2\%$	0

(四) 牙买加体系

时间：1976年—至今。

基本内容：没有任何货币再有含金量的规定，黄金不再在体系内扮演重要角色；美元依然扮演全球储备货币的角色。

储备和锚货币：美元，欧元。

汇率制度：发达国家通常实施浮动汇率制度，新兴市场国家通常实施各种形式的钉住美元汇率以维持出口导向的发展战略。

国际收支调节机制：通过灵活的汇率变动来调节国际收支。

牙买加体系的优点有：①货币发行与黄金彻底脱钩，使得全球经济增长不再受通货紧缩的困扰；②美联储的货币政策信誉取代黄金成为新体系下的货币锚；③浮动汇率制的广泛实施使得成员国之间能够更加方便地通过汇率水平变动来平衡国际收支；④实施浮动汇率制度的成员国获得了货币政策的独立性，实施固定汇率制度的成员国获得了快速的出口增长。

牙买加体系的缺点有：①发行全球储备货币的美元依然难以克服广义的"特里芬难题"；②国际收支的必要调整屡屡被推迟，导致全球经常账户失衡愈演愈烈；③由于美元彻底与黄金脱钩，美元发行缺乏外在硬约束，而仅靠美联储货币政策信誉的内在约束。

(五) 汇率制度选择

国际货币基金组织（IMF）汇率制度选择分类（2017年）见表6-1。

表6-1 国际货币基金组织汇率制度选择分类（2017年）

序号	分类		国家（地区）
1	No Separate legal tender	没有单独的法定货币	13
2	Currency board	货币局	11
3	Conventional peg	传统钉住	43
4	Stabilized arrangement	稳定化安排	24

续表

序号	分类		国家（地区）
5	Crawling peg	爬行钉住	3
6	Crawl-like arrangement	类爬行安排	10
7	Pegged exchange rate within horizontal bands	水平区间内的钉住汇率	1
8	Other managed arrangement	其他管理型安排	18
9	Floating	浮动	38
10	Free floating	自由浮动	31

RR汇率制度选择分类（2016年）见表6-2。

表6-2 RR汇率制度选择分类（2016年）

序号	分类		国家（地区）
1	No separate legal tender	没有单独的法定货币	53
2	Pre announced peg or currency board arrangement	事先宣布的钉住或者货币局	27
3	Pre announced horizontal band that is narrower than or equal to +/−2%	实现宣布的水平区间等于或小于+/−2%	0
4	De facto peg	事实钉住	16
5	Pre announced crawling peg	事先宣布的爬行钉住	1
6	Pre announced crawling band that is narrower than or equal to +/−2%	事先宣布的爬行钉住区间等于或小于+/−2%	4
7	De factor crawling peg	事实上的爬行钉住	17
8	De facto crawling band that is narrower than or equal to +/−2%	事实上的爬行钉住区间等于或小于+/−2%	19
9	Pre announced crawling band that is wider than or equal to +/−2%	事先宣布的爬行钉住区间大于或等于+/−2%	0

续表

序号	分类		国家（地区）
10	De facto crawling band that is narrower than or equal to＋/－5％	事实上的爬行区间窄于或等于＋/－5％	16
11	Moving band that is narrower than or equal to＋/－2％	移动区间窄于或等于＋/－2％	7
12	Managed floating	管理浮动	9
13	Freely floating	自由浮动	6
14	Freely falling	自由落体	12
15	Dual market in which parallel market data is missing	多重市场但平行市场数据缺失	0

IMF 和 RR 两种分类法区别见表 6-30。

表 6-3 IMF 和 RR 两种分类法的区别

国家（地区）	IMF 分类法	RR 分类法
美国	10 自由浮动	13 自由浮动
英国	10 自由浮动	13 自由浮动
日本	10 自由浮动	13 自由浮动
加拿大	10 自由浮动	13 自由浮动
德国	10 自由浮动	1 无单独法定货币
法国	10 自由浮动	1 无单独法定货币
意大利	10 自由浮动	1 无单独法定货币
澳大利亚	10 自由浮动	13 自由浮动
瑞士	9 浮动	11 移动区间窄于或等于＋/－2％
巴西	9 浮动	12 管理浮动
俄罗斯	10 自由浮动	14 自由落体

续表

国家（地区）	IMF 分类法	RR 分类法
印度	9 浮动	8 事实上的爬行钉住区间等于或小于＋/－2%
南非	9 浮动	13 自由浮动
中国	4 稳定化安排	4 事实上钉住
韩国	9 浮动	12 管理浮动
泰国	9 浮动	11 移动区间窄于或等于＋/－2%
马来西亚	9 浮动	11 移动区间窄于或等于＋/－2%
新加坡	4 稳定化安排	11 移动区间窄于或等于＋/－2%
印度尼西亚	9 浮动	10 事实上的爬行区间窄于或等于＋/－5%
越南	4 稳定化安排	4 事实上钉住
菲律宾	9 浮动	10 事实上的爬行区间窄于或等于＋/－5%
缅甸	8 其他管理安排	10 事实上的爬行区间窄于或等于＋/－5%

汇率制度选择：惧怕浮动。

惧怕汇率升值导致本国出口商品竞争力的减弱。

惧怕汇率贬值导致外部负债敞口的增加。

惧怕汇率波动对本国金融市场的冲击。

通过稳定汇率而提升国家的公信力。

(六) 一国货币成为国际货币的基本路径

(1) 一国货币要想成为国际货币甚至关键货币，通常遵循结算、支付货币—储备货币—锚货币的基本路径。

(2) 国际货币应具备三种基本职能。

① 在国际贸易中充当结算、支付货币。

② 成为其他国家或地区货币当局的储备货币。

③ 成为其他国家或地区货币当局调剂外汇市场的锚货币。

（3）在现行国际货币体系下，国际货币主要包括：美元、欧元、日元、英镑等，其中美元是关键货币。

二、案例1：煤炭—英镑

(一) 能源绑定成为一国货币充当国际货币的助推剂

在国际贸易和金融发展中，一国经济活动与能源、贸易的结合度成为决定该国货币地位的重要因素；而一国货币崛起的起点又往往与国际大宗商品，尤其是与能源的结算、支付定价权或绑定权的结合直接相关。

(二) 工业革命前能源与货币绑定关系尚未清晰

16~17世纪，荷兰控制了世界贸易霸权，荷兰盾在国际贸易中成为关键货币。但当时的国际贸易以柴米衣锦为主，缺乏能源需求，能源与货币绑定关系未显现。

(三) "煤炭—英镑"

18世纪的最后25年，英国取代荷兰成为世界领先的贸易强国（伦敦取代阿姆斯特丹成为最重要的金融中心。蒸汽机的问世引发一系列技术革命并实现从手工劳动向动力机器生产的飞跃转变，煤炭成为近代工业的主要"食粮"），工业革命及机器大工业的产生、发展，"煤炭交易"捆绑"英镑结算"，使英镑成为国际贸易中的关键货币。

(四) 英镑国际化历程的几个重要节点

（1）煤炭贸易绑定英镑支付结算。
（2）政府信用——国债的发行与管理。
（3）英格兰银行成立。
（4）"黄金—英镑"本位制。

（5）海域强权的支撑。

三、案例2：石油—美元

(一)布雷顿森林会议

（1）美元与黄金挂钩。

（2）其他国家货币与美元挂钩。

（3）各国货币自由兑换，会员国不得对国际收支经常项目支付或清算加以限制。

（4）美元处于等同于黄金的地位，成为各国外汇储备中最主要的国际储备货币。

(二)马歇尔计划

（1）马歇尔计划为欧洲国家提供的美元援助和信贷几乎成为欧洲各国外汇储备的唯一来源。

（2）马歇尔计划给美国带来了大规模的商品和资本输出，极大地提升了美国在国际贸易中的市场份额和美元在国际贸易中作为交易媒介的地位。

（3）马歇尔计划通过在欧洲建立多边支付体系和将汇兑结算与马歇尔计划的"有条件援助"相结合的政策，使美元得以全面介入欧洲的国际结算环节。

（4）美元输出增强了美元在国际结算、外汇储备等方面的国际地位。

(三)石油美元

（1）第四次中东战争期间，美国选择阿拉伯国家中最大的石油产出国沙特阿拉伯作为盟友。

（2）与沙特阿拉伯签署协定，确定把美元作为石油的唯一定价货币，并得到了其他欧佩克成员国的同意。美国在国际石油贸易计价中获得了垄断地位。

（3）在石油的基础上，美国同样在其他大宗商品交易中获得了垄断地位，美元霸权进一步得到稳固。

（四）"石油—美元"

美元取代英镑成为关键货币，受益于两次世界大战伴随的石油取代煤炭引起的核心能源的更迭。20 世纪 70 年代美国与沙特阿拉伯达成"不可动摇协议"，将美元确立为石油唯一计价货币；世界两大石油期货市场（芝加哥期货交易所和伦敦国际石油交易所）都以美元作为计价、结算、支付的货币单位，等等，从而确保了美国运用美元对石油大宗商品的国际定价权和国际货币格局中的美元本位制。

四、"碳交易—人民币结算"路径探讨

(一) 碳排放与碳市场

(1)《京都议定书》建立了旨在减排的三个灵活合作机制。

① 国际排放贸易机制（简称 IET）。

② 联合履行机制（简称 JI）。

③ 清洁发展机制（简称 CDM）。

(2) 清洁发展机制中提出的温室气体有 CO_2（二氧化碳）、CH_4（甲烷）、N_2O（氧化亚氮）、HFC_S（氢氟碳化物）、PFC_S（全氟化合物）、SF_6（六氟化硫）。其中，排放 1 吨 CH_4 相当于排放 21 吨 CO_2，排放 1 吨 N_2O 相当于 310 吨 CO_2，排放 1 吨 HFC_S 相当于排放 140～11700 吨 CO_2。

(3) 气候危机正趋向不可逆临界点。

①《自然》杂志称：全球 9 个气候临界点处于活跃状态。

2019 年 12 月 2 日，联合国气候变化大会在西班牙马德里召开。许多科研人员在会前密集发声，强调当前全球面临的气候风险。其中，英国埃克塞特大学全球系统研究所的蒂姆·莱顿（Tim Lenton）等人在顶级学术

刊物《自然》上发表题为《气候临界点——风险太大，不可心存侥幸》的评论文章，援引证据称，南极西部冰盖、亚马逊雨林等 9 个区域/领域正在逼近气候临界点，而且速度比之前预测的要更快。地球的稳定性和恢复力正处于危险之中，并呼吁国际社会积极应对。

②气候变化或将引起"多米诺骨牌效应"，影响地球上 9 个最"脆弱"的区域。

所谓临界点，是气候研究中一个假定的临界阈值，表明气候从一个稳定状态跨越到另一个稳定状态——这种变化或是不可逆转的。专家表示，如果全球实现温室气体大幅度减排，则有可能推迟升温幅度超过 2℃ 的时间。而对于气候系统的研究仍需不断深入，以减少不确定性。

(二)碳、碳排放权、碳排放权交易

1. 碳交易记录

根据碳市场建立的法律基础划分 $\begin{cases} 强制交易市场 \\ 自愿交易市场 \end{cases}$

根据交易对象划分 $\begin{cases} 配额交易市场 \\ 项目交易市场 \end{cases}$

根据组织形式划分 $\begin{cases} 场内交易市场 \\ 场外交易市场 \end{cases}$

根据交易市场层次划分 $\begin{cases} 碳配额初始分配市场 \\ 碳配额现货交易市场 \\ 碳期货与碳金融衍生品交易市场 \end{cases}$

2. 碳排放权交易

碳商品形成

碳远期交易

碳期货

碳期权

碳基金

碳市场

3. 碳市场体系层次

市场层级	交易对象	参与主体	主要功能
初始分配市场	配额初始分配	政府、控排企业（含新建项目）	创设碳配额
现货市场	配额现货交易	控排企业及其他合格投资者	基础价格发现、资源流转
期货等市场	碳期货、碳期权及其他碳金融衍生品等	控排企业、金融机构及其他合格投资者	价格发现、套期保值和规避风险

(三) 世界碳市场发展现状

1. 欧盟碳市场现状（EU-ETS）

(1) 现货品种。

① 欧盟碳排放配额（EUA）。

② 核证减排量（CER）。

(2) 衍生品种。

(3) 三个阶段。

2. 美国碳市场现状

(1) 区域温室气体减排倡议（RGGI）。

(2) 芝加哥气候交易所（CCX）。

(3) 加州与魁北克碳交易体系。

3. 亚洲碳市场发展及中国现状

(1) 日本。

(2) 印度。

(3) 韩国。

(4) 中国。七个省市试点,三个阶段,现状。

2013—2018 年中国七大试点省市碳市场交易量（额）见表 6-4、表 6-5。

表 6-4 2013—2018 年中国七大试点省市碳市场交易量

单位：万吨

年 份	省（直辖市）						
	北京	上海	广东	天津	深圳	湖北	重庆
2013	0.26	0.33	12.01	1.72	17.62	—	—
2014	105.62	171.08	105.55	98.99	184.71	898.14	14.5
2015	125.87	168.95	465.63	52.67	440.09	1394.15	12.67
2016	241.92	415.57	1396.78	31.05	1102.07	1111.81	46.02
2017	238.35	245.67	1236.78	116.1	691.31	1487.01	678.2
2018/11	290	230.4	940.78	0.07	104.8	887.52	25.58

资料来源：公开资料整理.

表 6-5 2013—2018 年中国七大试点省市碳市场交易额

单位：万元

年 份	省（直辖市）						
	北京	上海	广东	天津	深圳	湖北	重庆
2013	13.32	9.64	722.77	49.1	1252.61	—	—
2014	6295.48	6502.53	5623.21	2008.69	11434.46	16611.03	445.75
2015	5872.57	4007.09	7652.81	736.53	16772.84	34905.49	233.62
2016	11846.3	3349.92	15980.88	289.54	28719.83	18706.94	366.88
2017	11860.62	8547.83	16924.86	1032.57	9713.28	20879.36	1958.31
2018/11	16946.06	8684.06	21050.69	0.9	3082.35	19915.62	110

资料来源：公开资料.

2016年12月22日，福建省碳排放权交易开市，交易平台为海峡股权交易中心，纳入对象为电力、石化、化工、建材、钢铁、有色、造纸、航空、陶瓷9个行业。

（四）"碳交易——人民币结算""弯道超车"路径探讨

1. 人民币国际化现状

（1）贸易项下的人民币国际化。

① 2009年4月8日，上海、深圳、广州、东莞和珠海成为中国开展跨境贸易人民币结算工作的首批试点城市，同时规定境外范围主要为东盟十国，2009年6月29日，中国香港地区也被列入试点地区。

② 2010年6月17日，中国人民银行、财政部、商务部等发布《关于扩大跨境贸易人民币结算试点有关问题的通知》，涉及增设试点地区问题，将其扩大至20个省、自治区和直辖市等，试点业务也由仅限于货物贸易延伸至其他经常项目，与此同时，境外由东盟国家扩大至世界各国及地区。

③ 2011年8月27日，中国人民银行、财政部、商务部等发布《关于扩大跨境贸易人民币结算地区的通知》，境内地域范围扩展至全国各地，由此我国跨境贸易人民币结算从纵深发展时期进入全面发展时期，但是针对出口贸易仍然只限于试点单位。

④ 2012年2月3日，中国人民银行、财政部、商务部等发布《关于出口货物贸易人民币结算企业管理有关问题的通知》，不再对出口的试点企业进行限制，任何拥有进出口经营许可的企业都能够用人民币进行结算。至此，人民币跨境结算业务中的有关贸易部分，从贸易的地域范围到业务范围都已经解除限制，全面放开。

（2）人民币在跨境贸易结算中的使用如图6-1所示。

（3）货币互换协议。

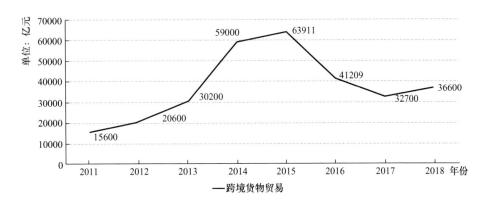

图6-1 人民币在跨境贸易结算中的使用

2016—2018年，共达成货币互换协议30个。

货币互换是指不同币种的交易主体在期初交换等值货币，在期末再换回本金并支付利息的交易行为。货币互换协议情况见表6-6。

表6-6 货币互换协议情况

签订时间	互换对象	互换币种	规模（亿元人民币）	有效期
2018年11月16日	印度尼西亚	人民币/印尼盾	2000	3年
2018年10月13日	英国	人民币/英镑	3500	3年
2018年10月26日	日本	人民币/日元	2000	3年
2018年8月20日	马来西亚	人民币/马来西亚林吉特	1800	3年
2018年4月11日	南非	人民币/南非兰特	300	3年
2018年3月30日	澳大利亚	人民币/澳元	2000	3年
2017年12月22日	泰国	人民币/泰铢	700	3年
2017年11月22日	俄罗斯	人民币/俄罗斯卢布	1500	3年
2017年11月27日	中国香港	人民币/港元	4000	3年
2017年11月8日	加拿大	人民币/加拿大元	2000	3年
2017年10月11日	韩国	人民币/韩元	3600	3年
2017年7月27日	瑞士	人民币/瑞士法郎	1500	3年
2017年7月18日	阿根廷	人民币/阿根廷比索	700	3年
2017年7月6日	蒙古国	人民币/蒙古图格里克	150	3年

续表

签订时间	互换对象	互换币种	规模（亿元人民币）	有效期
2017年5月19日	新西兰	人民币/新西兰元	250	3年
2016年9月27日	欧洲央行	人民币/欧元	3500	3年
2016年3月7日	新加坡	人民币/新加坡元	3000	3年

（4）资本项下的人民币国际化。

① 2011年1月6日，中国人民银行发布《境外直接投资人民币结算试点管理办法》，自此境外直接投资人民币结算试点正式启动，凡获准开展境外直接投资的境内企业均可以人民币进行境外直接投资。

② 2017年年初，国家外汇管理局发布多项措施加强境外直接投资真实性、合规性审核，要求境内机构办理境外直接投资登记和资金汇出手续时，向银行说明投资资金来源和用途，并提交其他证明材料，随即，2017年第一季度人民币直接投资大幅降低。

③ 2017年8月，国务院发文限制境内企业开展与国家和平发展外交方针、互利共赢开放战略及宏观调控政策不符的境外投资，包括房地产、酒店、影城、娱乐业、体育俱乐部等境外投资，放缓了资金"走出去"的步伐。

人民币在对外直接投资中的使用如图6-2所示。

（5）SDR权重。

2016年10月1日，国际货币基金组织（IMF）在其网站公布SDR篮子新权重，人民币10.92%，美元41.73%，欧元30.93%，日元8.33%，英镑8.09%，如图6-3所示

① 储备货币的币种结构如图6-4所示。

② 外汇交易的币种结构如图6-5所示。

③ 国际债券的币种结构如图6-6所示。

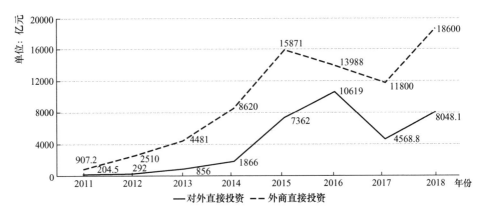

图 6-2 人民币在对外直接投资中的使用

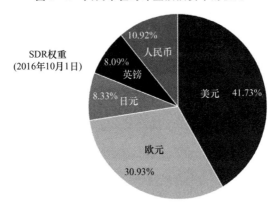

图 6-3 SDR 权重

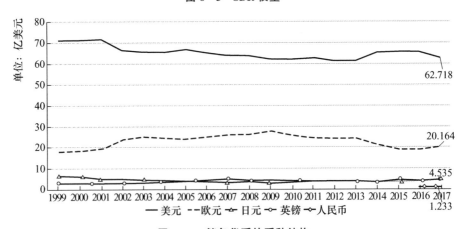

图 6-4 储备货币的币种结构

数据来源：IMF.

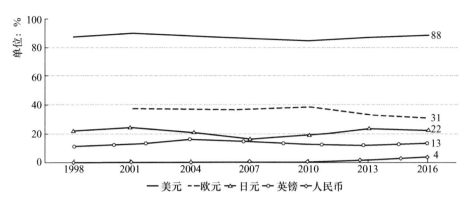

图6-5 外汇交易的币种结构

数据来源：BIS.

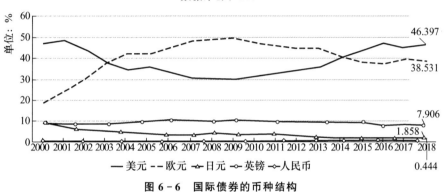

图6-6 国际债券的币种结构

数据来源：BIS.

④ 国际货币支付市场份额如图6-7所示。

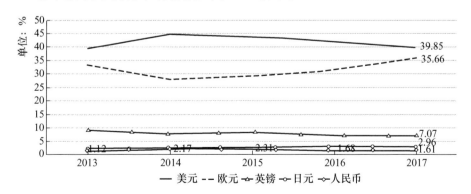

图6-7 国际货币支付市场份额

数据来源：SWIFT.

⑤ 经济规模比较如图 6-8 所示。

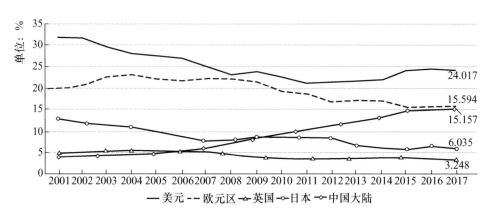

图 6-8 经济规模比较

数据来源：WDI.

2. 石油—人民币

(1) 2017 年 8 月，委内瑞拉与中国在双边石油贸易中采用人民币计价。

(2) 2017 年 10 月，中国外汇交易中心推出人民币对卢布交易同步交收业务，标志着中国与俄罗斯的"石油人民币"双边基础设施进一步完善。

(3) 2018 年 3 月 26 日，以人民币计价结算的原油期货在上海国际能源交易中心挂牌交易。

(4) 2018 年 5 月 4 日，大连商品交易所铁矿石期货引入境外交易者成功启动。2019 年 10 月 16 日，铁矿石巨头力拓公司开始使用人民币计价铁矿石期货，至此，全球三家最大的铁矿石供应商中，有两家对人民币敞开了大门，这意味着铁矿石的议价权已经开始向中国倾斜。人民币的国际化又向前迈进了一步。

3. 碳交易—人民币结算

"碳交易—人民币结算"，人民币国际化弯道超车新路径。

(1) 中国是全球第一大温室气体排放量国家，也被世界各国认为是最具潜力的排放市场，中国越来越多的企业参与碳排放权交易。

（2）未来发展以低碳经济作为各国的经济增长模式，伴随着清洁能源技术的新突破、新利用和新组合，以低碳为特征的新的能源运用及贸易——碳信用、碳商品、碳排放权交易等就会蓬勃兴起。

（3）根据世界银行的测算，全球碳交易总量 2020 年可达到 3.5 万亿美元，超过石油成为世界第一大交易市场。

（4）在国际货币先后经历了"煤炭—英镑""石油—美元"体系之后，中国抢占先机以"碳交易—人民币结算"为载体，建立与东南亚等国家和地区的低碳经济发展金融体系；可演绎一条人民币国际化在能源贸易中崛起的"弯道超车"新路径。

4. "一带一路"倡议。

（1）加强与"一带一路"沿线国家的贸易及投资合作，构建与"一带一路"沿线国家经常项目和资本金融项目双逆差的国际收支结构，向"一带一路"沿线国家提供人民币流动性。

（2）中资银行、金融科技公司和互联网金融企业加快对"一带一路"沿线国家的进入和布局，提高人民币金融服务的可获得性。

（3）发展"一带一路"区域债券市场，扩大人民币计价债券的发行规模，丰富债券品种。

（4）深化"一带一路"区域金融和货币合作机制，扩大与"一带一路"国家的货币互换协议，通过互换机制为"一带一路"国家提供人民币流动性。

（5）进一步完善人民币跨境支付系统（CIPS）。

5. 碳交易—人民币结算

（1）煤炭—英镑。

（2）石油—美元。

（3）碳交易—人民币结算，建立健全碳市场体系。

规范现货市场。

创建碳期货市场。

制定碳排放标准和设计碳交易标准。

健全碳资产财产权保护法。

制定碳市场国家（国际）监管准则。

（4）弯道超车，提升人民币国际地位。

五、本章要点与思考题

1. 简述一国货币成为国际货币的基本路径。
2. 简述国际货币体系的演进历程。
3. 简述一国货币成为国际货币的利弊。
4. 英镑国际化崛起经历过哪几个关键节点？为什么说煤炭贸易绑定英镑计价结算是一个重要因素？
5. 美元国际化进程中经历过哪几个关键节点？为什么说石油贸易绑定美元计价结算是一个重要因素？
6. 《京都议定书》的主要内涵是什么？
7. 简述碳商品与碳市场形成机制。
8. 简述世界碳市场发展现状与未来。
9. "碳排放权交易"捆绑"人民币结算"能否演绎人民币国际化"弯道超车"新路径？
10. 如何以标准化建设为切入点，加快中国碳交易市场建设与发展？

第七章

国家金融科技创新

一、网络金融发展概况

(一)网络金融的概念

(1) 狭义网络金融,指在互联网上开展的金融业务,包括网络银行、网络证券、网络保险等金融服务及相关内容。

(2) 广义网络金融,指在互联网上开展的所有金融活动,包括以网络技术为支撑存在的网络金融机构、网络金融交易、网络金融市场、网络金融监管和网络金融安全等诸多方面。

(二)网络银行

1. 网络银行的定义

(1) 巴塞尔委员会:网络银行是利用电子手段为消费者提供金融服务的银行,这种服务既包括零售业务,也包括批发和大额业务。

(2) 美联储:网络银行是指利用互联网作为其产品、服务和信息的业务渠道,向其零售和公司客户提供服务的银行。

(3) 网络银行的两条主要骨架:网络+银行服务。

2. 网络银行的类型

(1) 纯网络银行:"只有一个站点"的银行,一般只有一个办公地点,无分支机构、无营业网点,几乎所有业务都通过互联网进行,是一种纯粹的网络银行。

（2）分支型网络银行：原有传统商业银行以互联网为工具通过银行网络站点或者客户端应用向个人或企业客户提供的在线服务类型。

3. 网络银行的发展阶段

银行网络。

银行上网。

个性定制银行。

网银托拉斯——以网络银行业务为核心，业务经营范围涉及保险、证券、期货等金融行业及商贸、工业等其他相关产业，建立起互联网托拉斯企业。

4. 国外网络银行概况

安全第一网络银行——Security First Network Bank。

1995年在美国出现，3A（Anytime，Anywhere，Anyhow）服务，1998年因经营不善被加拿大皇家银行收购。

5. 2017年世界十大无现金国家排名

2015—2016年十个主要市场的网络银行发展概况（《2018年世界支付报告》），如图7-1所示。

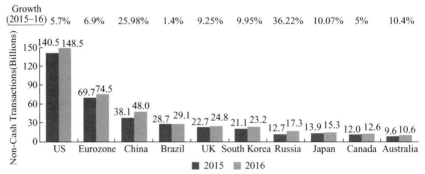

图7-1 2015—2016年十个主要市场的网络银行发展概况

资料来源：《2018年世界支付报告》.

6. 判断：中国网络银行现处在第三阶段向第四阶段的发展过程中

(1) 趋势确定，市场份额快速增加。

(2) 网络银行重要性不断提升，传统后台功能变前台核心功能。

(三) 网络证券

1. 网络证券的定义

网络证券也称网上证券，是证券业以因特网等信息网络为媒介，为客户提供的一种网上商业服务。网络证券包括有偿证券投资资讯、网上证券投资顾问、股票网上发行、买卖与推广等多种投资理财服务。

2. 网络证券对证券市场的影响

(1) 证券市场发展速度不断加快。

(2) 证券市场经营理念发生变化。

(3) 证券市场营销方式管理创新。

(4) 证券市场经营策略优势互补。

(5) 证券市场中介地位面临挑战。

3. 中国网络证券的概况

中国网络证券的发展大概有三个阶段。

(1) 第一个阶段是从 20 世纪 90 年代初开始的证券电子化阶段。

(2) 第二个阶段是 2000 年开始进入的网络证券阶段。

(3) 第三个阶段是 2015 年开始进入的金融科技发展阶段。

4. 中国网络证券的发展

一方面，中国网络证券、金融科技应用有着大突破前景；另一方面，网络证券、金融科技存在特性风险，还需加强与完善相关法律制度。

二、数字货币发展概况

(一)货币形态变革(图7-2)

图7-2 货币形态变革

(二)电子货币发展概况

1. 电子货币的概念及对货币需求的影响

(1) 电子货币是以数据或电子形式存在、通过计算机网络进行传输实现流通和支付功能的货币。

(2) 电子货币对货币需求的影响。

① 货币需求的结构发生变化。

② 货币需求的不稳定性增强。

③ 货币流通速度发生变化。

2. 电子货币的类型

① 储值卡型电子货币。

② 信用卡应用型电子货币。

③ 存款利用型电子货币。

④ "现金模拟型"电子货币。

⑤ 电子账单的提交与支付。

3. 电子货币与虚拟货币 (Electronic Money & Virtual Money)

虚拟货币是电子货币的一种深化表现形式。虚拟货币实质就是数字货币,但数字货币具有"法定数字货币"和"私人数字货币"两大类,虚拟货币通常指"私人数字货币"。因此,数字货币并不完全等同于虚拟货币。

(三)私人数字货币

1. 私人数字货币比较——两种类型虚拟货币的区别（表7-1）

表7-1 两种类型虚拟货币的区别

类型	代表	发行中心	价值基础	特点
类信用货币	Q币、微币、游戏币、论坛币	网络社交平台、游戏公司、论坛等	发行方信用	以发行商为中心，往往只能在发行商业务范围内流通，具有有限的流通和支付手段职能
类金融货币	比特币、莱特币、以太坊币等数字货币	无	密码学原理	不再依赖中心化发行商。总量通常有限，发行和交易严格受系统决定，使用范围理论上可以覆盖全球

2. 世界排名前十虚拟货币（截至2020年3月30日）（表7-2）

表7-2 世界排名前十虚拟货币（截至2020年3月30日）

#	Name	Market Cap	Price	Volume (24h)	Circulating Supply	Change (24h)
1	Bitcoin	$115,088,095,409	$6,290.68	$33,858,264,633	18,295,012 BTC	2.28%
2	Ethereum	$14,568,714,808	$132.07	$11,127,548,472	110,309,014 ETH	2.11%
3	XRP	$7,622,996,884	$0.17	$2,193,644,936	43,935,664,307 XRP*	0.77%
4	Tether	$4,662,728,859	$1.00	$40,838,751,523	4,642,367,414 USDT*	0.05%
5	Bitcoin Cash	$3,957,101,326	$215.55	$2,981,862,852	18,358,475 BCH	1.94%
6	Bitcoin SV	$2,877,383,301	$156.76	$1,849,408,909	18,355,815 BSV	1.52%
7	Litecoin	$2,497,777,824	$38.79	$2,904,393,570	64,396,281 LTC	1.29%
8	EOS	$2,033,908,195	$2.21	$2,282,941,050	921,360,749 EOS*	1.01%
9	Binance Coin	$1,885,887,359	$12.13	$255,143,674	155,536,713 BNB*	2.02%
10	Tezos	$1,117,993,926	$1.59	$85,829,913	705,020,740 XTZ*	2.80%

资料来源：coinmarketcap.com。

3. 比特币的特征比较——实物货币、信用货币与虚拟货币的比较（表7-3，表7-4）

表7-3 实物货币与虚拟货币的比较

货币特征	黄 金	比特币
普遍接受性	在布雷顿森林体系崩溃之前，作为一般等价物衡量其他商品的价值。当前信用货币体系下，黄金仍然是所有信用货币的价值基础	在生活中不具备使用价值接受范围相当有限
价值稳定	内在价值即作为商品包含的劳动时间价值是长期不变的	比特币本身不包含劳动时间价值且不与任何实物资产挂钩，这也造成比特币的价格波动异常剧烈
价值均值可分性	价值均匀可分	比特币的最小单位是聪，一比特币等于一亿聪，理论上和黄金一样是价值均可分的
轻便和易携带性	随着社会发展，黄金无法适应交易额的迅速增长而逐渐被代用货币和信用货币取代	依赖于比特币钱包和互联网环境，只需将自己的账户接入网络，就可以实现全球范围内的转账和交易

表7-4 信用货币与虚拟货币的比较

货币特征	信用货币	比特币
价值符号	表现形式包括辅币、现金或纸币、银行存款和电子货币	区块链记账，电子钱包提取和转账
债务货币	国家债务	非债务

续表

货币特征	信用货币	比特币
强制性和法偿性	信用货币本质上是由国家主体赋予法偿性的一种债务，其流通能力是法律赋予强制执行的，这是信用货币具备一般接受性的保证	缺少具有公信力的国家或组织为其背书，也没有和任何实物资产挂钩，比特币作为货币的信用基础就不存在，自然不能很好地行使货币的职能
宏观调控	国家主体可以对信用货币的发行进行调控	具备开发能力的团队都有可能开发新的数字货币，按照算法发行

4. Facebook 的野心

真正的货币战争才刚刚开始。

(1) Facebook 要"发币"。

2019 年 6 月 18 日，Facebook 发布加密货币项目白皮书，加密货币的正式名称是 Libra。白皮书的第一句话就是：Libra 的使命是建立一套简单的、无国界的货币和为数十亿人服务的金融基础设施。

(2) Libra 锚定多国法币组成的"一篮子货币"，建立一个"无国界货币"，这就是 Facebook 的目标。

5. 亚元——ACU

亚元概念最早是在 1997 年东盟首脑会议上提出的，旨在建立亚洲各国之间的区域性通用货币。2006 年，亚洲开发银行（ADB）计算出亚太地区共同的外汇指标——"亚洲货币单位（ACU）"。现阶段，亚元拟与黄金挂钩，亚元锚定离岸人民币汇率，采用区块链底层结构实现亚洲通用数字货币的最终形态——亚元 ACU。

6. 纽约金融局批准 GUSD 发行

2018年9月10日,纽约金融服务部(NYDFS)同时批准了两种基于以太坊发行的稳定币,分别是 Gemini 公司发行的稳定币 Gemini Dollar 和 Paxos 公司发行的稳定币 Paxos Standard,每个代币有1美元支撑,旨在提供法币的稳定性及加密货币的速度和无国界性质。

7. 超国域的数字货币发行与应用

(1) PPP(Public-Private Partnership,政府和社会资本合作)概念。Facebook＋BIS＝全球货币当局合作？

(2) eSDR(电子特别提款权)概念。国际货币协调机构——IMF 最合适？

(四)法定数字货币——央行数字货币

1. 央行数字货币(CBDC)(图7-3、图7-4、图7-5、图7-6、图7-7)

央行发布的并不是加密货币,虽然它结合了区块链技术,但却由国家完全掌控主导,本质上仍是中心化的。

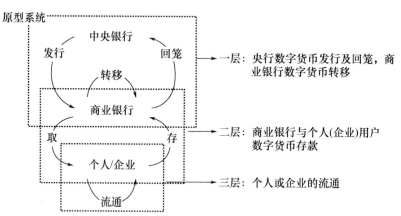

央行发行CBDC的模式与纸币发行模式一样,都是"中央银行-商业银行"二元模式。也就是说,央行通过商业银行向公众发行CBDC,商业银行将向公众提供存取等服务,并与央行一同维护数字货币发行、流通体系的正常运行

图7-3 央行数字货币二元模式运行框架

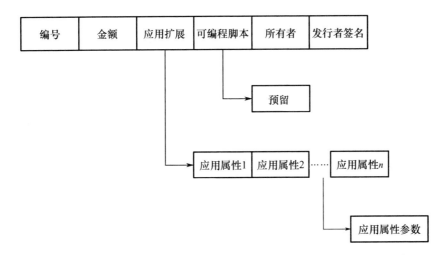

应用扩展储存中可以增加新的应用属性，例如增加姓名、地点、时间，作为该ATTR里额外的属性。可编程脚本则适合有比较大自定义需求的开发者，如商业银行、用户钱包等系统可以对数字货币进行编程，使其适应相应的应用场景，可编程脚本的灵活性更大，如指定货币流向等。

图7-4 央行数字货币的表达结构

商业银行 数字货币 系统	提交央行数字 货币请领申请			银行库接收 央行数字货币
中央银行 数字货币 系统		管控审批	发起存款准备金 扣款	生产发行 央行数字货币
中央银行 会计核算 系统			扣存款准备金至 发行基金	

CBDC发行是指中央银行生产CBDC并发送至商业银行的过程，在发行阶段，扣减商业银行存款准备金，等额发行CBDC。

回笼过程是指商业银行缴存CBDC，中央银行将之作废的过程，缴存CBDC后，等额增加商业银行的存款准备金。

图7-5 央行数字货币的发行过程

CBDC如何发行、回笼与转移?

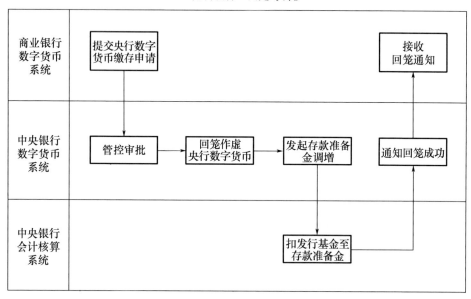

CBDC发行是指中央银行生产CBDC并发送至商业银行的过程,在发行阶段,扣减商业银行存款准备金,等额发行CBDC

回笼过程是指商业银行缴存CBDC,中央银行将之作废的过程,缴存CBDC后,等额增加商业银行的存款准备金

图7-6 央行数字货币的回笼过程

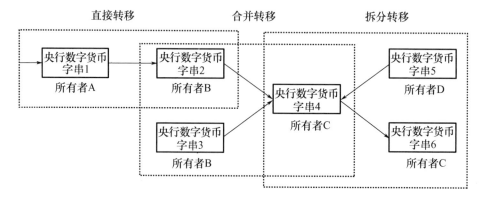

直接转移可以类比成A直接把50元纸币给了B。

合并转移就是B把手中的50元加上一张50元给C,只不过C收到的是原模原样的两张纸币,而数字货币的话,则是金额加起来为100元的一个字串

拆分转移,类似纸币的找零,C要给D支付80元,D给C找零20元,在数字货币支付中找零过程,则变为直接给D特定金额的字串,而余额可以生成新的字串

图7-7 央行数字货币的转移机制

2. 中国央行数字货币：DCEP

（1）DCEP 有几个特点。

① DCEP 的价值只与人民币挂钩。

② DCEP 具有无限法偿性。

③ DCEP 不需要账户就能实现价值转移。

④ 资产的高度安全性。

⑤ DCEP 将采用双层运营体系，由中央银行信用担保，具有无限法偿性，主要针对的是国内零售业。

（2）DCEP 推进概况。

第一，DCEP 由中国人民银行牵头，工、农、中、建四大商业银行和中国移动、中国电信、中国联通三大电信运营商共同参与。

第二，DCEP 将走出央行系统，首先进入交通、教育、医疗等服务场景，触达 C 端用户，产生频繁应用。

第三，DCEP 注重替代 M0（流通中现金），并且保持现钞的属性及其主要特征，满足便携和匿名的需求。

第四，在深圳和苏州等地成立金融科技有限公司，与华为技术有限公司等合作，推动 DCEP 关键技术攻关和试点场景支持、配套研发与测试等，并聚焦区块链、密码学等金融科技研发前沿方向。

第五，DCEP 的设计理念与技术架构满足以下条件。

① 满足零售级别的高并发性能，纯区块链架构无法达成要求。

② 采用双层运营体系，央行做上层，商业银行做第二层。

③ 双层运营体系不改变流通中货币债权债务关系，为保证央行数字货币不超发，商业机构向央行全额、100％缴纳准备金。

④ 不预设技术路线。

⑤ DCEP 坚持中心化管理模式。

⑥ 开始阶段的 DCEP 设计，注重 M0 替代，而不是 M1、M2 的替代。

⑦ DCEP 可以加载智能合约。

(3) 中国央行数字货币与其他虚拟货币的区别（表 7-5）。

表 7-5 中国央行数字货币与其他虚拟货币的区别

比较项目	DCEP	纸币	电子支付	Libra	比特币
成本	低于纸币	印刷、押运成本较高	低于纸币	低于纸币	低于纸币但有挖矿成本
匿名性	部分匿名	匿名	部分匿名	未知	不可以
法定地位	必须无条件接受	必须无条件接受	部分商户支持	暂未获美监管机构许可	大部国家和地区不认可
安全性	最高	最高	低于纸币和 DCEP	低于纸币	低于纸币
离线支付	可以	可以	支持小额	不可以	不可以
破产风险	央行法定赔偿	央行法定赔偿	存在无法偿还可能	一篮子货币的资产储备	无资产储备或公信机构保证
运营模式	双层结构	双层结构	央行-商业银行-三方机构-民众	Libra 协会	网络算法共同维持，无官方机构

资料来源：国泰君安证券研究.

三、金融科技对现代金融体系的冲击

(一)金融科技发展概况

(1) 技术驱动的金融创新。

(2) 监管科技发展概况。

(3) 金融大数据。

(4) 人工智能金融分析。

(5) 区块链金融。

(二)网络金融发展趋势

1. 网络银行业务融合发展的趋势

(1) 技术准备。

(2) 外部倒逼。

2. 网络平台金融化发展的趋势

(1) 微信平台嫁接金融服务。

(2) 场景金融—嵌入式金融。

嵌入式信贷、嵌入式保险、嵌入式理赔、嵌入式期权。

(3) 供应链金融—互联网＋金融＋产业链。

3. 网络金融监管挑战趋势

(1) 网络金融产品监管冲击。

(2) 区块链金融监管冲击（涉及技术规则、法律规则）。

(3) 货币政策、货币监管冲击［参见（表7－6）］。

从"二八定律"到"长尾理论"。

互联网时代颠覆了"二八定律"模式。

4. 金融发展模式被重构的趋势

图片一　　　　图片二　　　　图片三

图片四　　　　图片五

图片六　　　　图片七　　　　图片八　　　　图片九　　　　图片十

中国防范对货币政策、货币监管冲击的举措见表7-6。

表7-6　中国防范对货币政策、货币监管冲击的举措

时间	监管法规	内容
2013年12月	中央等五部委下发《关于防范比特币风险的通知》	认为比特币为虚拟商品，要求金融机构和支付机构不得以比特币为产品或者定价单位，不得直接从事比特币的买卖服务，同时也不得为比特币交易提供清算、结算等服务。从而在比特币与金融行业间架设栅栏，以防比特币的风险扩展到金融行业，从而导致更为严重的系统性风险。各大银行也很快响应规章的要求，纷纷禁止为比特币提供服务。通知下发后市场剧烈震动，比特币价格遭遇重挫，此后一年比特币价格从高峰8000元左右大幅下跌70%，一度跌破2000元
2014年3月	央行发布《关于进一步加强比特币风险防范工作的通知》	禁止国内银行和第三方支付机构提供比特币交易平台的开户、充值、支付、提现等服务
2017年9月	央行联合七部委发布《关于防范代币发行融资风险的公告》	要求各类ICO立即停止，相关交易平台停止运营。至此，比特币在中国被明确限制发展。叫停非法ICO活动，清退相关交易所
2018年1月12日	中国互联网金融协会发布《关于防范变相ICO活动的风险提示》	指出一种名为以矿机为核心发行虚拟数字资产（IMO）的模式值得警惕，存在风险隐患
2018年3月28日	2018年全国货币金银工作电视电话会议	央行在会上表示，2018年将从严加强内部管理和外部监管，开展对各类虚拟货币的整顿清理

金融科技发展对现代金融体系的影响见表 7-7。

表 7-7 金融科技发展对现代金融体系的影响

国家金融体系结构	内容	金融科技影响
金融市场要素	货币市场、资本市场、外汇市场、衍生性产品市场等	非现金支付、电子货币、数字货币
金融市场组织	商业机构、管理机构、政策性组织、第三方组织	可能形成超主权的国际金融科技组织
金融市场法制	金融立法、执法、司法、法制教育	大数据区块链等应用与法律系列挑战
金融市场监管	机构、业务、市场、政策性法规执行	非主权和超主权金融体系、货币体系的监管
金融市场环境	实体经济发展、企业治理结构、社会信用体系	金融科技特性风险的影响
金融基础设施	硬件：支付清算体系　科技信息系统　金融服务网络　配套技术设备　软件：法律、会计、审计、评估、信用、规则、程序、标准	跨境支付、无限法偿性、传统清算体系的冲击等

四、中国金融科技发展的机遇与挑战

(一)机遇

1. 蒙代尔的"金融稳定三岛"

2001 年及之后的多个场合，美国著名国际金融学家、诺贝尔经济学奖获得者罗伯特·蒙代尔提出"货币稳定三岛"的大胆构想，即美元、欧元、人民币三足鼎立，形成全球范围内的稳定货币体系；维持欧元兑美元汇率的稳定，将其固定在一定区间内，比如 1 欧元兑 1.2 美元至 1.4 美元；随着人民币逐步可兑换，将人民币纳入美元、欧元的固定汇率机制中，创建美元、欧元、人民币三位一体的"货币区"；其他各国货币与此货币区形成浮动汇率。该构想的目的是形成稳定的国际货币体系，方便各国贸易、结算、支付关系的发展。该构想说明，在现有的国际货币金字塔中，一方面，现行的"美元本位"的国际货币体系亟待改革；另一方面，以人民币为代表的他国货币如何在现有体系中脱颖而出。或者说，人民币成为国际货币甚至关键货币的主要路径为何，已成为一个重要的国际课题。

2. 实现路径

(1) 实现路径 1——特别提款权（SDR）的深化改革。

著名经济学家特里芬教授提出，在国际金融体系的健全和发展进程中，可思考将国际货币基金组织（IMF）改造成为真正的全球中央银行；将成员国缴纳款转变为储备资产货币，并作为世界各国的国家通货；同时，以成员国多数投票制来确定货币基金组织的贷款权限。

(2) 实现路径 2——六国央行长期互换协定改革。

2013 年 10 月 31 日，美联储、欧洲央行、瑞士央行、英国央行、加拿大央行、日本央行全球六大央行同时宣布：它们将把现有的临时性双边流动性互换协议转换成长期协议，任何当事央行可在自己司法辖区内向另外五种货币中的任何一种提供流动性支持。

(3) 实现路径 3——推进"人工智能＋区块链"技术创新，构建世界法定数字货币。

推进"人工智能＋区块链"技术创新—构建世界法定数字货币。目前国际货币体系中，以美元为主导的世界货币体系是否动摇，取决于未来美元、欧元、人民币的发展方向和实力对比。

"人工智能＋区块链"形成或构建世界法定数字货币，只要技术完备、各国央行不断推进法定数字货币的运行，其产生颠覆性影响的可能性是存在的。

(二) 挑战

金融科技存在的特性风险如下所述。

（1）宏观层面，包括战略风险、信誉风险、法律与监管风险、货币政策风险。

（2）中观层面，包括传统金融业风险［安全风险（技术风险、人为风险）管理风险、认证风险、外包风险］。

（3）微观层面，包括长尾风险（企业个性化和分散化风险）。

（4）结构层面，包括区域风险等。

(三) 中国金融科技稳健发展

（1）建立行之有效的金融科技清算体系。

（2）建立多层级的金融科技法律监管体系。

（3）建立立体化的金融科技风险控制体系。

（4）全力推动金融科技知识产权保护和标准化建设。

（5）加强国际合作，推动金融科技稳健发展。

五、本章要点与思考题

1. 如何判断金融科技发展趋势？
2. 如何应对金融科技创新风险？
3. 如何捕捉金融科技发展机遇？
4. 简述网络金融狭义与广义的含义。

5. 简述纯网络银行的发展趋势。

6. 简述金融科技对证券市场的影响。

7. 简述货币表现形式的几次变革。简述数字货币的类型。简述数字加密货币将颠覆货币政策管理模式。

8. 简述 Bitcoin、Libra 与 ACU 的联系与区别。

9. 简述 CBDC 与 DCEP 的联系与区别。

10. 简述嵌入式金融。

11. 简述供应链金融。

12. 简述区块链金融。

13. 简述金融科技对现代金融体系的影响。

14. 简述中国金融科技发展的机遇与挑战。

第八章

国家金融风险防范

一、金融危机的含义、类型

(一)金融危机的含义

金融危机指的是金融资产或金融机构或金融市场的危机,具体表现为金融资产价格大幅下跌或金融机构倒闭或濒临倒闭或某个金融市场如股市或债市暴跌等。

比较权威的定义是由戈德史密斯(1982年)给出的,是指全部或大部分金融指标(短期利率、资产价格、商业破产数和金融机构倒闭数)的急剧、短暂或超周期的恶化。其特征是基于预期资产价格下降而大量抛出不动产或长期金融资产,换成货币。

(二)传统金融危机的分类

(1)银行业危机,是指银行过度涉足(或贷款给企业)高风险行业(如房地产、股票),从而导致资产负债严重失衡,呆账负担过重而使资本运营呆滞而破产倒闭的危机。

(2)货币危机,是指对货币的冲击导致该货币大幅度贬值或国际储备大幅下降的情况,它既包括对某种货币的成功冲击(即导致该货币的大幅度贬值),也包括对某种货币的未成功冲击(即只导致该国国际储备大幅下降而未导致该货币大幅度贬值)。

从另一个通俗的角度说,货币危机是人们对一国的货币丧失信心,大量抛售该国货币,从而导致该国货币的汇率在短时间内急剧贬值的情形。例如,1994年墨西哥比索兑美元的汇率及1997年泰国铢兑美元的汇率骤然下跌,都属于典型的货币危机。

(3) 外债危机,指无法偿还到期债务的危机,国际间的债务危机是指债务国无力偿还其到期的国外债务的危机。

(4) 股市危机,又称证券市场危机,主要表现为资本二级市场上金融资产价格剧烈波动,如股票市场、债券市场、基金市场及与之相关的金融衍生品市场的价格发生急剧、短暂的暴跌。股市如果脱离了经济基本面,长时间出现非理性的趋势性暴涨,往往是酿成股市危机的重要原因。

(5) 并发性危机,一般指系统性金融危机。系统性金融危机又称为"全面金融危机",是指主要的金融领域都出现严重混乱,如货币危机、银行业危机、外债危机同时或相继发生。它往往发生在金融经济、金融系统、金融资产比较繁荣的市场化国家或地区及赤字和外债较为严重的国家,对世界经济的发展具有巨大的破坏作用。

(三)现阶段金融危机的新特点

(1) 顺周期行为和制度加剧了风险恶性循环(跨时间维度)。

(2) 系统重要金融机构起了关键作用(跨行业维度)。

(3) 金融市场一体化加快了危机传导(金融体系关联性)。

(4) 金融创新增加了危机传递链条(金融衍生品种)。

(5) 金融体系与实体经济的相互作用更加密切。

二、世界重大金融危机回顾

(一)世界经济大危机

20 世纪 30 年代世界经济大萧条是一个常说常新的反面教材。

1. 定义

世界经济大萧条指经济活动远远低于正常水平,企业和消费者有严重的悲观情绪、持续时间很长的一个时期。

2. 关于 1929—1933 年世界经济大萧条的一组数字

(1) 名义 GDP,下降 50%。

(2) 实际 GDP,下降 30%。

(3) 工业产出,下降 50%。

(4) 失业率,上升到 25%。(想想每四个成年人有一个在街上流浪是什么场景?)

(5) 股票价格,下降了 80%。

(6) 物价水平,下降了 25%。

(7) 银行破产,9755 家。

3. 世界经济大萧条时期的美国道琼斯指数表现

道琼斯工业平均指数从 1929 年 9 月 3 日的相对高点 381.17 点,跌到 1932 年 7 月 8 日的最低点 41.22 点,跌幅高达 89.19%。(数据来源:WIND 数据库)。

4. 这场经济危机产生了什么影响？

1929—1933 年经济危机的影响如图 8-1 所示。

社会政治：恶化(愤怒的工人砸碎工厂的玻璃)

图 8-1　1929—1933 年经济危机的影响

5. 罗斯福新政

罗斯福新政的内容包括以下几点。

(1) 整顿财政金融。

(2) 颁布《全国工业复兴法》，调整工业生产。

(3) 调节农业生产。

(4) 实行社会救济，以工代赈。

罗斯福新政的影响包括以下几方面内容。

(1) 直接影响：社会生产力得到了恢复，广大民众获得了一定的好处。

(2) 间接影响：缓和了社会矛盾，维护了资产阶级民主政体。

(3) 长远影响：进入了政府大规模干预经济的时代。

(二)亚洲金融危机

1. 亚洲金融危机四阶段

亚洲金融危机的四个阶段如图 8-2 所示。

```
1997        泰国                    印尼
                1997.11                      1998.05
      1997.05           韩国      1998.01        世界
```

第一阶段

  1997 年 5 月,泰铢受到货币投机者攻击

  1997 年 7 月 2 日,泰国政府宣布放弃固定汇率制,实行浮动汇率制

  泰铢当日贬值 17%

1997年8月,新加坡货币受到冲击 新元兑美元暴跌

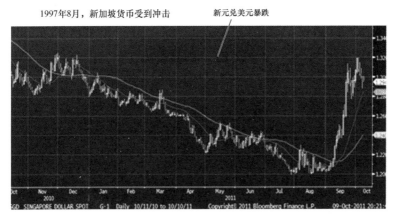

亚洲金融危机时中国香港受到冲击的情况

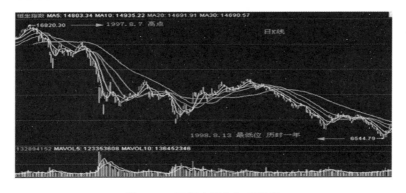

图 8-2 亚洲金融危机四阶段

第二阶段

1997年11月中旬，东亚的韩国也爆发金融风暴
11月17日，韩元对美元的汇率跌至创纪录的1008：1
12月13日，韩元对美元的汇率继续跌至1737.60：1

演变为亚洲
金融危机

1997年下半年，日本的一系列银行和证券公司相继破产

第三阶段

1998年年初，印度尼西亚金融风暴再起
1998年2月16日，印尼盾同美元比价跌破10000：1

金融危机
不断深化

新元、马币、泰铢、菲律宾比索等纷纷下跌
从1997年6月底的115：1跌至1998年4月初的133：1
5、6月间，日元汇率一路下跌，一度接近150：1的关口

第四阶段

国际炒家对香港发动新一轮进攻。恒生指数跌至6600多点

1998年9月2日，卢布贬值70%。这使俄罗斯股市、汇市急剧下跌，引发金融危机乃至经济、政治危机

思考：2014年卢布贬值

1999年，金融危机结束

图8-2 亚洲金融危机四阶段（续）

2. 亚洲金融危机期间受影响程度

亚洲金融危机期间货币和股市受影响的程度见表8-1。

表8-1 亚洲金融危机期间受影响程度

单位：%

国家（地区）	货币贬值幅度	股价下跌幅度	经济增长率下跌点数
泰国	-55.65	-51.2	-8.2
马来西亚	-45.82	-54.5	-15.0
印度尼西亚	-85.24	-53.1	-18.6
菲律宾	-42.79	-46.0	-5.7
新加坡	-20.21	-47.2	-8.7
韩国	-54.85	-62.4	-10.8
中国台湾	-20.41	-21.5	-2.0
中国香港	-0.04	-50.9	-10.4
中国大陆	-0.02	-16.7	-1.0

3. 金融危机发生的原因

（1）直接触发因素。

① 国际金融市场上游资的冲击（国际投机基金的炒作）。

② 汇率政策僵硬。

A. 一些亚洲国家（地区）外汇政策不当：一方面保持固定汇率；一方面又扩大金融自由化。

B. 为维持固定汇率，长期用外汇储备来弥补逆差，导致外债增加。

C. 这些国家（地区）外债结构不合理。

（2）内在基础性因素。

① 透支型经济高增长和不良资产的膨胀，如地产泡沫破裂、银行呆账坏账严重。

② 市场体制发育不成熟。政府过多干预资源配置；金融体制特别是监管体制不完善；条件不成熟的情况下，过早开放资本市场。

③ "出口替代"型模式。出口大幅下降；贸易收支连年逆差，赤字逐年上升。

(3) 世界经济因素。

① 经济全球化。金融危机"感染"效应。

② 不合理的国际分工、贸易和货币体制，对经济欠发达国家（地区）不利。

4. 对经济产生的影响

大批企业和金融机构破产倒闭；失业增多；货币贬值；资本大量外逃；经济衰退，甚至负增长；全球金融市场剧烈震荡。

泰国关闭了 56 家金融机构，印度尼西亚关闭了 17 家金融机构，韩国排名居前的 20 家企业破产；失业人口激增，如印度尼西亚失业人数达 2000 万。

5. 政府措施

(1) 积极争取国际货币基金组织的援助。

(2) 主动实行紧缩的财政政策，压缩财政开支，降低发展速度。其具体体现在提高金融监督制度的效率和金融信息的透明度；对银行、证券、保险、综合金融公司等所有金融机构进行机构调整；开放金融市场，努力使本国金融市场国际化。

(3) 重新制定产业发展政策。

将短期内的国家科研计划转向以改善贸易收支，增强国际竞争力，开发产品的高附加值为目标，重点开发替代进口产品的技术和战略性出口产品的技术。

(4) 更加重视产业技术开发。

以强化技术创新，提高产品附加值、刺激出口增加就业为重点的产业技术支持政策，将支持重点转向中小企业和风险企业。

6. 中国政府的积极政策

（1）宏观经济体制改革的成功。

（2）政府对经济泡沫成分有力抑制。

（3）各金融机构加强风险管理。

(三)次贷危机期间美国主要金融指标的表现

道琼斯工业平均指数从 2008 年 1 月 2 日的 13043.96 点，下跌至 2009 年 3 月 9 日的 6547.05 点，跌幅高达 50%。

美国房屋价格指数也出现了较大幅度的下跌。

2008 年 9 月，雷曼兄弟公司破产，多家大型金融机构受到了美联储的救助（贝尔斯登、美林等）。

1. 次贷危机的直接诱因

次贷危机的直接诱因是美国的利率上升和住房市场持续降温。

2001—2005 年，美国住房市场持续繁荣，美联储的低利率政策，对借款人的标准和审核的放宽，刺激了次级贷款市场迅速发展。

发放次贷的金融机构通过发行证券化产品（如 CDS）进行融资。

2006 年年中以来房价下滑，17 次加息，导致次贷违约率上升，2007 年爆发次贷危机。

金融机构账面亏损加大，导致金融机构倒闭。

2. 次贷危机发展过程

第一波：2007 年 2~9 月。

图片十一

2007 年 2 月，美国第二大次贷机构——新世纪金融公司破产标志着次贷危机开始。随后，欧、美、日许多银行宣布卷入美国次级债，产生巨额损失。

2007 年 8 月 14 日，美、欧、日三大央行注资 720 亿美元救市。

第二波：2007 年年底~2008 年年初。

主要金融机构出现严重亏损。2007年12月12日，美、加、欧、英、瑞士五大央行联手救市，美联储连续降息；2008年2月9日，七国财长和央行行长会议，次贷危机影响加大。

第三波：2008年3月。

2008年3月7日，美联储投入现金贷款2000亿美元给银行和债券市场。2008年3月10日，欧洲各国投入2360亿美元贷款救银行。2008年3月17日，华尔街第五大投行贝尔斯登面临破产，在美国政府组织下，摩根大通以2美元一股购买贝尔斯登。

第四波：2008年7月。

房利美（Fannie Mae）和房地美（Freddie Mac）两大房贷公司因严重亏损陷入困境。2008年9月7日，美国政府接管房利美和房地美，同意将为每家注入1000亿美元资金。

次贷危机演变图例如图8-3所示。

图8-3 资贷危机演变图例

美国政府为什么要救两房？

美国住房贷款的总规模约为12万亿美元，两房持有约5.3万亿美元，占整个市场规模的44%，两房的债权一直被评为3A级债券，被海外投资者持有1.3万多亿美元，其中中国持有4400亿美元。救两房就是救美国债券的信誉。住房贷款商在提供贷款后，可将贷款出售给两房，加快资金流动，两房一倒将切断房市和金融体系间的纽带。

第五波：2008年9月。

2008年9月14日，有158年历史的第四大投行雷曼兄弟公司宣布破产。2008年9月14日，美国银行以500亿美元廉价购买第三大投行美林。2008年9月15日，全球股市暴跌；前美联储主席格林斯潘："百年一遇的金融风暴"。2008年9月17日，美国政府向美国国际集团（AIG）注入850亿美元资金。2008年9月20日，美国财政部提出7000亿美元的一揽子救援计划经过波折终获通过。2008年9月22日，高盛、摩根士丹利改制为常规存贷银行，华尔街独立投行时代结束。

A. 雷曼兄弟公司为什么会破产？

持有大量的次级债金融产品。

总亏损达到150亿美元，市场估计还有460亿美元左右的潜在亏损。

公司总负债6132亿美元，所有者权益仅有263亿美元，杠杆指数高达23倍。

与韩国发展银行、私募股权基金JC Flowers、美国银行、巴克莱银行需求注资的谈判失败。

B. AIG是怎样卷入金融危机的？

为什么世界最大的保险公司不但保不了银行的风险，也保不了自己？出现问题的三项主要业务。

CDS；Mortgages；OTHER INVESTMENTS；保险公司也避免不了市场经济的根本性弱点：鼓励贪婪，衍生产品躁动症。

AIG市值：从2007年的1780亿美元降到2008年的101亿美元。

第六波：2008 年 10 月。

2008 年 10 月 6 日，冰岛"国家破产"。冰岛，人口 32 万，过去仅靠渔业支撑，但是在 20 世纪 90 年代，冰岛的银行体系迅速扩张。在全球各地成立分行，发放大量贷款，金融业在经济中比重远超其他产业。截至 2008 年 6 月 30 日，冰岛三大银行资产总规模达 14.4 万亿克朗，约合 1280 亿美元。而 2007 年冰岛 GDP 仅为 1.3 万亿克朗。

金融业迅速发展，冰岛尝到了甜头，人均 GDP 世界第四。但次贷危机袭来时，才发现他们原来正是巴菲特所说的"裸泳者"。冰岛总理哈尔德承认，由于冰岛银行产业几乎完全暴露在全球金融业震荡波中，冰岛面临"国家破产"。

冰岛最大三家银行破产，股市暴跌（一天跌 77%）、货币克朗大幅度贬值（自 2008 年年初以来贬值达 45%）。外债超过 1383 亿美元，GDP 却仅为 193.7 亿美元。

冰岛的做法更像是个私人投资基金而非政府，信贷危机来临后，他们使自身成为最脆弱的国家。

更多国家（乌克兰、巴基斯坦、韩国……）面临"破产"。

3. 7000 亿美元代表着什么？

美国 2007 年 GDP 总额 13.8 万亿美元的 5%。

美国 2009 年联邦财政预算 3.13 万亿美元的 22.4%。

平均每个美国人要掏出 2300 美元。

美国 2008 年已经援救款：2 月减税 1680 亿美元，3 月起联合世界主要央行向市场注资 4000 亿美元，向两房注资 2000 亿美元，给 AIG 注资 850 亿美元。

2008 年美国的实际国债已达 10 万亿美元。

7000 亿美元能解决问题，还是入海无消息？

4. 2008 年金融危机对全球经济带来的影响

首先，遭遇直接冲击的是与美国金融体系关系紧密的各国金融体系，亏损和坏账不可避免。

其次，美国金融危机极大地打击了投资者信心，人们对银行信誉和现行金融体系产生怀疑，全球范围内流动资金骤然紧缩，直接影响实体经济的增长速度。

最后，美国作为全球最大的消费型国家，一旦其消费需求出现大规模萎缩，那些对美国消费依存度强的经济体将失去发展动力。

5. 多个国际组织陆续召开会议商讨对策

（1）2008 年 10 月 8 日，六大央行、中国央行联合降息。

西方主要经济体央行对当前的金融危机进行了持续和密切的磋商并决定采取联合行动以应对危机和恢复市场信心。

美联储、欧洲央行、英格兰银行、加拿大、瑞士和瑞典央行均宣布将基准利率降低 0.5 个百分点。

2008 年 10 月 16 日，欧盟 27 国联合做出联合应对、整体应对。

对濒临破产的银行实行国有化，并对银行间的借贷提供政府担保。具体来说，一方面政府以购买优先股的方式向金融机构直接注资，另一方面由各国政府为金融机构新发行的中期债务提供担保。多个成员国根据这份行动计划出台了本国的大规模救市方案，出资总额接近 2 万亿欧元，相当于美国 7000 亿美元救市基金的 4 倍。

多个国际组织陆续召开会议商讨对策，G10，G7，G8，G8+5，G20……

图片十二

2009 年 4 月 2 日，伦敦 G20 峰会六项承诺：恢复信心、发展和就业机会；修复金融系统以恢复贷款；加强金融监管以重建信任；为国际金融机构积累资金和改革国际金融机构，以克服这一危机，并防止未来危机；促进全球贸易和投资，并拒绝保护主义，以巩固繁荣；建立一个包容性，绿色和可持续的经济复苏。

（2）2009年4月2日，伦敦G20峰会达成如下协议：①将国际货币基金组织（IMF）的可用资金提高两倍，至7500亿美元；②支持2500亿美元的最新特别提款权（SDR）配额；③支持多边发展银行（MDB）至少1000亿美元的额外贷款；④确保为贸易融资提供2500亿美元的支持；⑤利用IMF已同意出售黄金储备的所得资金，为最贫穷国家提供优惠融资。

这些协议共同组成了一项1.1万亿美元的扶持计划，旨在恢复全球信贷和就业市场及经济增长。

三、美国金融危机处置方式

（一）深层剖析美国金融危机的原因

1. 技术层面

次级贷款泛滥、贷款标准恶意降低，衍生金融交易过度发展、缺乏监管，信用评级机构给投资者极大的误导，金融机构杠杆比例过高。

2. 制度层面

以美元为中心的国际货币体系导致全球流动性泛滥，使全球为美国的错误承担风险，为美国埋单（全球基础货币数量，1971年为381亿美元，2008年为6.2万亿美元）；许多国家不顾本国需要和监管能力实施金融开放及资本流动自由化，导致国际投机资金冲击各国金融体系；美联储错误的货币政策直接导致资产价格泡沫。

3. 最深层面

20世纪80年代以来，西方国家经济管理的基本思路：自由化（私有化、减少管制、减税）；实体经济与虚拟经济的严重背离，全球虚拟经济规模是实体经济的几十倍。

(二)2008年金融危机与以往的不同之处

(1) 影响到世界各著名金融机构,对世界金融市场的冲击前所未有。

(2) 影响到美国居民的消费和储蓄,对金融机构、美元和美国政府的信任度,美国人开始把存款转到国外。

(3) 受影响最大的是有一定资产的人——中产阶级,他们从前认为的比股票风险小的债券,可能损失更大。

(4) 影响到全球金融机构的账面损失,美元资产贬值,造成全球股市大跌。

(5) 美欧金融企业纷纷抛售海外资产以自保,撤离新兴经济市场,造成汇率下降,热钱急剧回流。

(6) 美元仍是世界主要结算货币,各国外汇储备中的第一币种,在相当长时间内,美国的经济风险要由全世界持有美元和美国债券的国家来共同承担。

(三)美国金融危机处置方式

1. 美联储货币政策三大措施

传统货币政策一:采取激进的传统货币政策促进流动性。

图片十三

传统货币政策二:加强使用现有的流动性工具提高流动性。

非传统货币政策:提供紧急贷款增加流动性恢复市场信心。

2. 财政政策五大措施

(1) 不良资产救助计划。

(2) 大幅度减税。

(3) 继续扩大赤字化开支规模。

(4) 发行短期国库券,为美联储补充流动性。

(5) 促进就业、促进消费、促进投资。

3. 监管政策强化六大措施

（1）实施新的临时证券交易规则。

（2）设立住房融资监管机构。

（3）联邦存款保险公司（FDIC）和国家信用局参与处置金融危机。

（4）对银行业进行"压力测试"。

（5）出台衍生品监管措施。

（6）设立金融稳定监管委员会。

4. 一揽子经济振兴计划

（1）2008年布什政府一揽子经济振兴计划。

（2）2009年奥巴马政府一揽子经济振兴计划。

（3）提高储蓄存款担保限额。

（4）稳定房地产市场。

（6）设立公私合营投资计划遗留资产项目。

（6）进行医疗改革。

5. 法制保障

《2008年经济振兴法案》

《2008年住房与经济复苏法案》

《2008年紧急经济稳定法案》

《2009年经济振兴法案》

《2009年美国复苏和再投资法案》

《2009年帮助家庭拯救其住房法案》

《多德-弗兰克华尔街改革和消费者保护法案》

美国参议院常设调查小组委员会

（四）美国金融危机处置后续措施

（1）促进消费。

(2) 由政府接管的金融机构在适当时机重新放回私有化轨道。

(3) 法律变革与市场发展互动。

财政部金融机构援助计划（截至2012年6月30日）如表8-2所示。

表8-2 财政部金融机构援助计划

财政部金融援助项目名称	总投资援助金额/亿美元	回收金额/亿美元	仍持有金额（市值）/亿美元	预期收益/亿美元	接受援助金融机构数量/家	财政部回收资金并全部退出金融机构数量/家
资本购买计划	2049	2179	100	230	709	400
友邦AIG专项计划	1820	1520	510	210	1	—
信息市场计划	220	100	120	3	—	—
汽车业融资计划	800	430	370	—	—	—
合　　计	4889	4229	1100			

资料来源：美国财政部网站（截至2012年6月30日）。

四、把金融发展建立在金融稳定"磐石"上

(1) 更加注重金融服务实体经济本质要求。

(2) 更加注重金融稳定的法治基础。

(3) 更加注重完善金融监管体制。

(4) 更加注重提高金融市场主体自我管理能力。

(5) 更加注重市场化风险处置机制建设。

(6) 更加注重保护中小投资者利益。

(7) 重构国际金融体系。

五、本章要点与思考题

1. 什么是金融的脆弱性？

2. 传统金融危机是如何进行分类的？

3. 简述系统性金融危机的原因与特点。

4. 金融脆弱演化为金融危机的机制有哪几项？

5. 简述 1929—1933 年世界经济大萧条、1997—1998 年亚洲金融危机和 2008 年国际金融危机的原因、特征与教训。

6. 简述美国金融危机的处置方式。

7. 什么是沃尔克规则？

8. 如何评价"货币政策、财政政策、监管政策、产业政策和法律法规"并举的金融危机处置措施？

9. 2008 年国际金融危机的主要启示有哪些？

10. 为什么说"防范化解风险"是金融发展首位，"保护中小投资者利益"是金融市场核心？

11. 如何防控"影子银行"金融风险？

12. 如何防控系统性和区域性金融风险？

第九章

国家金融国际参与

一、国家金融学体系

(一)国家金融学体系的五个层面

第一个层面：国家金融学研究对象。

第二个层面：现代金融体系结构。

第三个层面：现代金融体系内容。

第四个层面：政府与市场在现代金融体系中的作用。

第五个层面：国家金融行为需要着手解决的问题。

(二)现代金融体系结构。

金融市场要素体系。

金融市场组织体系。

金融市场法制体系。

金融市场监管体系。

金融市场环境体系。

金融市场基础设施。

二、国际金融学体系

(一)国际金融学五个方面的内涵

第一,研究对象,即以现代金融体系条件下的世界各国国际金融行为属性为研究对象。

第二,现代金融体系结构,其包括在国际金融市场的要素、组织、法制、监管、环境和基础设施六大方面。

第三,现代金融体系内容,是一国现代金融体系内容的国际化延伸。

第四,政府与市场在现代金融体系中的作用。这里,"政府"由一国政府转换成为世界各国政府间的行为属性。

第五,需要着手解决的事宜。

(二)国际金融学现状

1. 定义

国际金融学是金融学研究领域的一个重要的分支,它是从货币金融角度研究开放经济(Open Economy)下内外均衡同时实现问题的一门独立学科。即,国际金融学本质上是开放经济的货币宏观经济学,主要关心在一个资金广泛流动和灵活多变的汇率制度环境下,同时实现内外均衡的条件和方法。

2. 学科特点

(1)宏观性。即,国际金融学应集中于经济的宏观方面,从国民经济整体角度来分析和解决问题,使之具有高度的理论概括性及统一的分析框架。

(2)综合性。国际金融学是一门具有交叉性质的边缘性学科,这种综合性可以从国际金融学与其他学科的研究性质的横向比较和与其他学科的研究范围的纵向比较两方面来认识。

3. 研究对象

(1) 内外均衡问题，是开放经济社会所特有的经济现象。

(2) 内外均衡问题具有鲜明的货币金融属性。

4. 发展阶段

(1) 第一阶段。在第二次世界大战以前，国际金融学总的来说处于萌芽时期。

(2) 第二阶段。第二次世界大战后直至 20 世纪 70 年代初，国际金融学开始产生。

(3) 第三阶段。以布雷顿森林体系的崩溃作为标志，至 20 世纪 90 年代末基本形成了内容丰富、体系完整、特色鲜明的独立学科。

三、国际金融体系现状

(一) 国际金融机构体系（图 9-1、表 9-1）

国际清算银行（BIS） 国际货币基金组织（IMF） 世界银行（WB）	区域性国际金融机构 ① 美洲开发银行　④ 亚洲基础设施投资银行 ② 亚洲开发银行　⑤ 金砖国家新开发银行 ③ 非洲开发银行

图 9-1　国际金融机构体系

1. 国际清算银行（BIS）

网址：https://www.bis.org。

International Banking：全球银行资本流动。

Real Effective Exchange Rate：实际有效汇率。

2. 国际货币基金组织（IMF）

网址：https://www.imf.org/en/Data。

表 9-1 国际金融机构体系

	BIS	IMF	WB
创立时间	1930 年	1945 年	1945 年
创立宗旨	第一次世界大战后德国的赔偿支付及清算等业务问题，45 个成员国	监察货币汇率、协调国际收支失衡的问题，确保全球金融制度正常运作，187 个成员国	负责经济的复兴和发展，向成员国提供发展经济的中长期贷款
资金来源	成员国缴纳的股金（各国央行占 80%，私人 20%）借款、吸收存款	份额认缴（2018 年，美国 17.407%，日本 6.464%，中国 10.92%）、借款、信托基金	成员国缴纳的股金（美国 15.85%，日本 6.84%，中国 4.42%）、向国际市场的借款、发行债券和收取贷款利息
职能	1. 办理各种国际清算业务 2. 为各国中央银行提供服务 3. 定期举办中央银行行长会议 4. 进行国际货币与金融问题的研究	1. 制定汇率政策及货币兑换规则、监督 2. 援助国际收支困难国 3. 提供货币合作与协商场所 4. 促进国际金融合作 5. 加快国际经济一体化 6. 维护国际汇率秩序 7. 建立多边支付体系	1. 提供金融产品和服务 2. 创新性知识的分享 3. 贷款 4. 非贷援助 5. 多方合作 6. 协调立场
制度缺陷	1. 美欧央行的主导作用明显 2. 私人银团占据一定的股份 3. 联合国体系之外的股份制机构	1. 组织机构主要由美欧控制 2. 份额及投票权分配不合理，美国有一票否决权 3. 维护美元国际储备货币地位 4. 全球国际收支失衡严重失衡	1. 份额分配受 IMF 份额影响，美国独大 2. 政策形成趋向美国利益

IFS：国际收支、国际投资头寸、汇率等数据。

BOP：国际收支。

WEO：IMF 成员国宏观指标。

COFER：外汇储备的币种结构。

DOTS：两国之间的进口、出口。

CPIS：两国之间的股权投资、债券投资。

CDIS：两国之间的对外直接投资。

Financial Development Index：金融发展指数。

HPDD：各国公共债务水平。

AREAER：汇兑安排与汇兑约束年度报告。

3. 世界银行（World Bank）

网址：https://www.worldbank.org。

WDI：世界发展指标包括经济政策与债务、教育、环境、金融部门、性别、健康、基础设施、贫困、私人部门与贸易、公共部门、社会保障与劳动。

WGI：世界治理指标。

GFDD：全球金融发展数据库（可获得性、深度、效率、稳定）。

4. 区域性国际金融机构（表9-2）

表9-2 区域性国际金融机构

	亚洲基础设施投资银行	金砖国家新开发银行
设立时间	2015年	2015年
宗旨	促进亚洲区域建设的互联互通和经济一体化的进程，加强中国和其他亚洲国家和地区的合作	主要资助金砖国家和其他发展中国家的基础设施建设
设立背景	1. 中国进入"一带一路"新常态 2. 亚洲基础设施落后 3. 新兴大国的异军突起	1. 美国货币政策变动冲击新兴市场国家 2. IMF救助不及时
主要职责	1. 推动区域内基础设施建设 2. 为本区域发展事业提供融资支持 3. 鼓励私营资本参与投资 4. 其他配套服务	1. 为金砖国家和其他发展中国家的基础设施建设提供贷款（成员国优先） 2. 建立应急储备基金 3. 加强金砖国家的金融合作

(二)国际金融基础设施

1. 支付清算体系（场内）

FEDWIRE：美联储转移大额付款系统。

CHIPS：纽约清算所银行同业支付系统。

TARGET：欧元支付清算系统。

CIPS：人民币跨境支付系统。

SIC：瑞士跨行清算系统。

CHAPS：英镑清算系统。

BOJ-NET：日本银行金融网络系统。

CHATS：香港自助支付清算系统。

2. 中央交易对手和交易信息库（场外）

SWIFT：环球银行金融电信协会。

CPMI：国际支付和市场基础设施委员会。

SWIFT 成立于 1973 年 5 月，SWIFT 体系会员遍布全球 200 多个国家的 1.1 万家金融机构，虽然 SWIFT 总部设在比利时的布鲁塞尔，但是其董事会成员均来自美国银行机构的高管。美国联邦法律允许美国政府对全球的银行和监管机构进行制裁。

2001 年后，美国以反恐为名义向 SWIFT 施压，阻断恐怖组织账户。

2004 年起，美国开始通过 SWIFT 系统监控中国和朝鲜的资金流动。

2005 年，制裁朝鲜。

2008、2012 年，制裁伊朗。

2018 年，制裁俄罗斯和伊朗。

（1）金融制裁手段。

冻结被制裁国或特定国民的资产。

图片十四

禁止对被制裁国的投融资。

禁止被制裁国资产的清算。

禁止向被制裁国提供金融服务。

暂停政府间经济援助。

金融制裁的目标可以直接设定为被制裁国的重点领域有影响力的个人。

（2）金融制裁实例：伊朗。

2008年，美国以防止核扩散为由对伊朗发起金融制裁，主要是通过CHIPS中止了对伊朗的石油交易清算，导致伊朗的石油贸易只能使用本地或中东国家的货币进行结算。

2011—2012年，美国又以洗钱为由，制裁伊朗中央银行，彻底断绝了全世界中央银行同伊朗央行的金融往来。美国迫使SWIFT关闭了伊朗所有金融机构的转账开关，即使使用其他国家货币也无法实现对伊朗石油贸易的结算。

美国宣布退出伊核协议后，2018年11月5日，美国全面恢复对伊朗能源、金融领域单边制裁。

3. 世界三大信用评级机构

世界三大信用评级机构为：惠誉国际信用评级公司——Fitch Ratings、标准普尔公司——Standard & Poor's、穆迪投资者服务公司——Moody's Investors Service。

4. 国际四大会计师事务所

国际四大会计师事务所有：普华永道——PWC、毕马威——KPMG、德勤——DTT、安永——EY。

5. 金融业标准

金融业标准包括以下五点内容。

(1) 有效银行监管核心原则。

(2) 证券监管目标与原则。

(3) 保险监管核心原则与方法。

(4) 重要支付系统核心原则。

(5) 证券清算体系建议。

(三)国际金融监管协调

(1) 对成员国没有法律约束力的国际监管组织。

① 巴塞尔银行监管委员会（BCBS）。

② 国际证监会组织（IOSCO）。

③ 国际保险监督官协会（IAIS）。

(2) 以国际法或区域法为基础，对成员国具有法律约束力的监管组织。

① 欧盟金融监管体系（ESFS）。

② 金融稳定理事会（FSB）。

金融监管：确保国际上各种监管标准不会出现竞相攀比谁更宽松的情况。

银行资本充足率：推动巴塞尔协议 III 的实施。

证券化：国际证券委员会组织公布证券化与信用违约互换产品监督方法，促进其有效实施。

(3) 国际金融监管协调形式。

双边谅解备忘录。

多边论坛。

以统一监管标准为基础的协调。

统一监管。

(4) 国际金融监管协调内容。

建立监管信息共享机制。

加强跨国金融机构监管。

实施跨国金融机构并表监管。

建立国际统一监管标准。

强化金融集团监管。

实施区域性金融监管一体化。

四、国际金融体系改革发展

(一)国际金融理念创新

"大金融"理念。

服务实体经济。

构建现代金融体系。

(二)国际金融制度创新

1. 货币汇率制度

(1) SDR 改革。

(2) 六国央行长期互换协定改革。

(3) "货币稳定三岛"改革。

2. 金融监管制度

(1) 功能监管与行为监管。

(2) 宏观审慎监管与微观审慎监管。

(3) 金融发展稳定性与金融监管有效性。

3. 国际金融标准

(1) 金融基础设施标准。

(2) 金融披露评估标准。

(3) 金融法制规则标准。

(三)国际金融组织创新

(1) 促进多边国际金融机构崛起。

(2) 促进三大国际金融监管组织法律约束力提升。

(3) 促进 G20 金融稳定委员会(FSB)更好发挥作用。

国际金融组织关系示意图如图 9-2 所示。

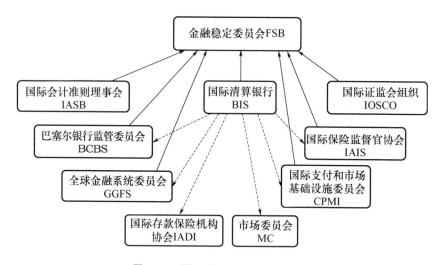

图 9-2 国际金融组织关系示意图

(四)国际金融技术创新

"人工智能+区块链"技术创新。

完善国际支付清算体系(场内)。

构建国际中央交易对手和交易信息库设施(场外)。

(五)目标与展望

一个长期、多边、多币、稳定的国际金融体系!

五、本章要点与思考题

1. 简述国家金融学五个层面的内涵。
2. 简述国家金融学与公司金融学、国际金融学的联系与区别。
3. 简述 BIS、IMF、WB 的功能与作用。
4. 简述 AIIB、NDB 的功能与作用。
5. 简述国际金融基础设施的分类与运作方式。
6. 如何看待"金融业标准"的现状与改革发展？
7. 如何看待国际金融监管协调组织分类？
8. 如何看待国际金融监管的协调与挑战？
9. 如何看待货币金融战略和能源战略是美国对外经济战略最重要的两极？
10. 如何构建国际金融新体系或 WFO？
11. 如何建立国际金融统一监管标准？
12. 如何推动罗伯特蒙代尔"货币稳定三岛"改革？
13. 如何构建各国央行法定数字加密货币或最终创建世界货币"INTOR"？
14. 如何看待 G20 金融稳定委员会（FSB）的作用与前景？

第十章

中国金融发展需要解决的八大问题

一、中国金融顶层布局政策探讨

二、中国金融监管协调措施探讨

三、中国金融层级发展规则探讨

四、中国金融内外联动模式探讨

五、中国金融弯道超车路径探讨

六、中国金融科技创新趋势探讨

七、中国金融风险防范方式探讨

八、中国金融国际参与方案探讨

九、本章要点与思考题

"中国金融"如何"弯道超车",如何在国际金融体系中拥有具有"中国方案"和"中国金融"的话语权?

教学注意事项

国家金融学以实证分析与规范分析相结合的方法，探讨研究世界各国国家金融行为属性和取向。教学中应紧紧扣住国家金融学研究对象的五个层面（如下），引导学生循序渐进，了解并深入把握国家金融顶层布局的政策探讨、监管协调的措施探讨、层级发展的规则探讨、内外联动的模式探讨、弯道超车的路径探讨、科技创新的趋势探讨、风险防范的方式探讨和国际参与的方案探讨等，从而推动一国金融的健康稳定和一国经济的繁荣发展。

第一个层面：国家金融学的研究对象。

第二个层面：现代金融体系的结构。

第三个层面：现代金融体系的内容。

第四个层面：政府与市场在现代金融体系中的作用。

第五个层面：国家金融行为需要着手解决的问题。

教学课时分配表

章次	内容	总学时
第一章	概论	
第二章	国家金融顶层布局	
第三章	国家金融监管协调	
第四章	国家金融层级发展	
第五章	国家金融内外联动	
第六章	国家金融弯道超车	
第七章	国家金融科技创新	
第八章	国家金融风险防范	
第九章	国家金融国际参与	
第十章	中国金融发展需要解决的八大问题	
合计		